W0077165

Gisela Kirschstein
Starke Frauen-Portraits

© axel dielmann – verlag
Kommanditgesellschaft in Frankfurt am Main, 2019
www.dielmann–verlag.de

Autorin und Verlag bedanken sich herzlich
für die Unterstützung durch Frau Brigitte Ritter, Wiesbaden.

Gestaltung:
Urs van der Leyn, Basel
@ Fotos Cover und Innenteil:
Gisela Kirschstein, Mainz; außer:
© Fotos Seite 117, Foto Irmgard von Opel:
© Familie von Opel
Seite 168, Foto Elisabeth Scholl:
© Bernd Wilhelm
Seite 180, Foto Julia von Dreusche, Anke Carduck, N'Eis:
© Thomas Pirot
Seite 192, Foto Anja Gockel:
© Michael Link
Gesamtherstellung:
OOK Press, Veszprém

ISBN 978 3 86638 265 7

Starke Frauen-Portraits

von

Gisela Kirschstein

axel dielmann — verlag

Brot und *R*osen

Wenn wir marschieren, marschieren,
Kämpfen wir auch für den Mann,
Denn auch er ist ein Kind der Frauen,
Und wir bemuttern ihn dann und wann.
Unsere Leben sollen nicht nur in Schweiß ertrinken
Von der Geburt bis des Lebens Ende.
Herzen hungern genau wie Körper,
Gebt uns Brot, aber gebt uns Rosen ebenso.

Wenn wir marschieren, marschieren,
Klingen die Schreie ungezählter toter Frauen
In unseren Liedern mit.
Ihr uralter Schrei nach Brot,
Ihr Sehnen nach Kunst und Liebe und Schönheit,
Ihre dahinziehenden Seelen wussten:
Ja, es ist Brot, wofür wir kämpfen,
aber wir kämpfen für Rosen ebenso.

Zwei Strophen des Gedichts von James Oppenheim,
Übersetzung Gisela Kirschstein

Inhalt

Die *P*ortraits

7

Gisela Kirschstein

Das Vorwort

*D*ieses Buch begann mit einem Anruf, 30 Interviews und einem Wunsch: Frauen sichtbar zu machen. „Wir möchten gerne eine Serie über Frauenpersönlichkeiten in Hessen starten", lautete der Anruf. Er kam von der *Frankfurter Neuen Presse*, für die ich seit 2013 als freie Korrespondentin tätig bin, meist im Bereich Politik, oft auch mit freien Reportagen aus Gesellschaft, Wissenschaft und Wein. Und wer immer dort in der Redaktion die Idee zur Serie hatte: er traf einen Nerv.

In meinem Studium der Englischen Literatur und der Geschichte begegneten sie mir in den Tiefen der Lyrik und der Jahrhunderte: Adrienne Rich und Virginia Woolf, Rosa Parks, Simone de Beauvoir und Sophie Scholl. Heldinnen der Geschichte. Schriftstellerinnen, die über Sex und Gender schrieben, über Frauenrechte, Diskriminierung und den alltäglichen Sexismus. Mit Alice Walker und Michelle Cliff entdeckte ich Jahrtausende alte Frauenherrscherinnen in Afrika und Piratinnen in der Karibik.

Ich stellte fest, dass Frauen Generäle waren und Entdeckerinnen, und dass es oft eine männliche Geschichtsschreibung ist, die den Anteil der weiblichen Gestalter der Historie schlicht unterschlägt: The Winner names the Age. Mit Maya Angelou und Toni Morrison fand ich

Autorinnen, die Frauen ihre Stimme zurückgaben, sie sichtbar machten – sie in die Geschichte zurückholten.

Frauen wie Marie Juchacz, Clara Zetkin oder Elisabeth Selbert kannte ich nicht. In meinem Studium kamen sie schlicht nicht vor, sie waren Teil keiner Heldengeschichte, keines Mythos.

Dabei sind sie es – und viele andere –, die ein fundamentales Recht erstritten: Vor genau 100 Jahren, am 30. November 1918 wurde in Deutschland das Frauenwahlrecht eingeführt. Endlich hatten Frauen eine Stimme im politischen Raum, mussten gehört werden – das Wahlrecht veränderte einfach alles.

Am 19. Februar 1919 sprach die Sozialdemokratin Marie Juchacz als erste Frau in der Weimarer Nationalversammlung. Und die Juristin Elisabeth Selbert, eine Mutter des Grundgesetzes, setzte den Satz durch: „Männer und Frauen sind gleichberechtigt." Mir hatte man immer nur von den Vätern des Grundgesetzes erzählt. Geschichte wurde von Männern gemacht, Wissenschaft und Politik sowieso.

Der Anruf im Frühjahr 2017 kam deshalb wie ein Geschenk: Spannende Frauen aufspüren, ihren Lebensläufen nachspüren, ihre Geschichten erfahren und erzählen zu dürfen – es war ein Privileg. Anderthalb Jahre lang bin ich kreuz und kreuz durch das Rhein-Main-Gebiet gefahren. Mir haben sich Türen geöffnet, die einem sonst verschlossen bleiben, vom Bankenhochhaus bis hin zur Privatwohnung, selbst die Deutsche Flugsicherung öffnete für mich ihr Allerheiligstes, ihre Kommandozentrale für Fluglotsen in Langen.

Ich bekam Einblicke in Weinkeller und Standseilbahnen, es ging um Modenschauen und Meteorologie, um Salafismus in Deutschland und Schweizer Käse. Auf dem Rheinschiff und im Kuhstall diskutierten wir Gleichberechtigung und männliche Vorurteile, und wie frau ihren Mann steht – selbst hinter Gefängnistüren.

Noch wertvoller aber war der Blick in die Seelen: Mein tief empfundener Dank gilt all den Frauen, die mir Einblicke in ihre Leben gewährten, mich Biographien, Brüche und Träume sehen ließen. Die mit mir über Politik, Integration und Frauenrechte diskutierten – und über die Frage, wo wir Frauen mit unseren Rechten im Jahr 2018 stehen.

Die Antwort, könnte man sagen, fällt ernüchternd aus: Noch immer werden Frauen im Berufsleben benachteiligt, noch immer verdienen sie für den gleichen Job weniger Geld, noch immer müssen sie doppelt so hart arbeiten, wie Männer, um zum gleichen Ergebnis zu kommen. Die gläserne Decke in die Chefetagen ist kalt und stabil, und die häufige Nicht-Vereinbarkeit von Familie und Beruf macht es wahrlich nicht leichter.

Und doch zeigen die Porträts in diesem Buch vor allem eines: Frauen lassen sich nicht aufhalten. Ich traf Ingenieurinnen und Wissenschaftlerinnen, Winzerinnen und Unternehmerinnen, Sängerinnen, eine Chefvolkswirtin und eine Nonne. Ich traf eine Türöffnerin vom Leben zum Tod und eine Lebenskünstlerin, die ihren Lebensabend damit verbringt, Gutes zu tun – ohne Spendenquittung, ohne Verein, aus dem Herzen heraus. Viele dieser Frauen haben mehr Grenzen überwunden als nur örtliche.

Allen Widrigkeiten zum Trotz realisieren sie Träume und Ziele, vereinbaren Kinder und Karrieren, werden selbst zu Vorbildern. Viele Frauen waren die ersten in ihrem Job oder arbeiten bis heute allein unter Männern. Powerfrauen sind sie auf ihre Art alle, starke Frauen, die sich nicht in Schubladen zwängen lassen, Frauen, die Mut machen.

Es war ganz am Ende, bei meinem letzten Interview, als ich den Titel fand, der sie alle beschreibt. Es war ausgerechnet in einem Modeshop, einem Hort der Symbole für Eitelkeit und alle Vorurteile, mit denen Frauen so gerne abgewertet werden. Doch dieser Shop ist anders, hier zieht eine starke Frau mit Farbe und Ausdruck selbstbewusste Frauen an. „Wir müssen zu unserem Körper stehen", sagte die Designerin Anja Gockel in unserem Gespräch, „der Tempel unserer Seele ist nun einmal der Körper."

Und ausgerechnet Anja Gockel verriet mir, dass sie ihren Kollektionen immer den Namen einer Frauenkämpferin gibt – in diesem Herbst 2018 war das die schwarze Bürgerrechtlerin und Lyrikerin Maya Angelou. Ihr Gedicht „Phänomenale Frauen" stellt genau die Überschrift dar, welche alle 30 Frauen dieses Buches beschreibt:

Schöne Frauen fragen mich, wo mein Geheimnis liegt.
Ich bin nicht süß, und meine Maße passen
                    in keine Modelgröße.
Aber wenn ich anfange, zu erzählen,
denken sie, ich erzähle Lügen.

          ...

Ich sage,
Es ist in der Reichweite meiner Arme,
der Breite meiner Hüften,
dem Gang meiner Schritte,
dem Schwung meiner Lippen.
Ich bin eine Frau, phänomenal.
Eine phänomenale Frau, das bin ich.

(Übersetzung Gisela Kirschstein)

Theresa Breuer

Winzerin

*Sie war gerade 20 Jahre alt, als sie über Nacht
mit einem der besten Weingüter des Rheingaus
da stand: Vor 14 Jahren übernahm Theresa Breuer
das renommierte Weingut Georg Breuer im Rheingau
nach dem Tod ihres Vaters. Heute gehört sie
zu den wichtigsten Unternehmerinnen der Weinszene,
das Weingut zu den Top-Betrieben des Rheingaus –
2016 war Theresa Breuer Winzerin des Jahres. –
Ein Besuch in Rüdesheim im Juni 2017.*

Wir sprechen viel mehr, als meine *M*änner mögen

*W*ir treffen uns in der gerade vor einem Monat fertig gewordenen Vinothek, es ist im Spätfrühjahr 2017. „Der Schriftzug hängt erst seit heute morgen", verrät Theresa Breuer. „Georg Breuer" steht dort an der Wand, es ist der Name des Gründers des Weinguts, Theresas Großvater. Doch es war Theresas Vater Bernhard Breuer, der aus dem Betrieb mitten im Touristenort Rüdesheim eines der Top-Weingüter Deutschlands machte. Ein Revolutionär war Bernhard Breuer, ein Querdenker, einer der ersten, die unternehmerisch dachten – und einer, der kompromisslos auf Qualität setzte.

„Wir möchten Riesling aus dem Rheingau zeigen, in seiner Reinheit, seiner puren Strahlkraft", sagt Theresa, während sie mich durch den großzügigen neuen Verkaufs-raum führt. Draußen vor der Tür tobt der Verkehr an einer der wichtigsten Kreuzungen im Rüdesheimer Ortskern, hinter der Tür dominiert eine puristische Welt von grauen Schiefer-Tönen, versetzt mit Akzenten in Türkis. An den Wänden hängen moderne Kunstwerke von Künstlern, die genau diese Kunstwerke für Etiketten der Breuerschen Weine entwarfen.

Rohe Betondecken erstrecken sich weit oben über unse-ren Köpfen, die riesige Stahltür quer durch den Raum ziert eine Zeichnung des Rheingaus als Karte. „Den Look hat uns die Decke vorgegeben", sagt Theresa, es ist der ehemalige Tankraum, den sie hier wieder bloß legten, von seinen Gastronomie-Einbauten befreiten. „Wir haben den Raum wieder entdeckt, das Alte wieder zurückgeholt", sagt die Hausherrin. „Den Schiefer runterbrechen, ohne dass er da ist", nennt sie die Farbgebung – es ist ein Raum voller Purismus und gleichzeitig voller Ausstrahlung.

„So sind unsere Weine", sagt Theresa, und so ist die Winzerin, die sie macht, möchte man hinzufügen. Das Understatement ist eigentlich untypisch für den Rheingau, wo sich die Winzer ihrer Jahrhunderte alten Geschichte großer Weine oft beinahe schon überbewusst sind. Das edle Understatement, es passt perfekt zu der jungen Frau im schlichten schwarzen

Theresa Breuer war 20, als sie das elterliche Weingut Georg Breuer übernehmen musste, aus der Not heraus. Heute jongliert sie Rebsorten, Lagen und Weine auf höchstem Spitzenniveau.

Oberteil und in den kurzen Shorts.

Mit 33 Jahren ist Theresa Breuer Chefin von 15 Angestellten und Herrin über 34 Hektar der besten Rheingauer Weinberge. In 25 Länder der Erde verkauft sie ihre Weine, 2016 kürte sie die Zeitschrift Falstaff zur „Winzerin des Jahres". Weinexperten schwärmen von der Tiefe und Reifefähigkeit der Breuerschen Rieslinge, im Gault Millau hält das Weingut stolze vier Trauben. „Ich habe ganz viel davon profitiert, dass mein Vater ein großartiger Mensch war", sagt Theresa.

Es war im Mai 2004, als Bernhard Breuer völlig überraschend über Nacht starb. Ohne vorhergehende Krankheit. Ohne Vorwarnung. Theresa Breuer war gerade 20 geworden, hatte ihr Abitur in der Tasche, die Schwester wollte Balletttänzerin werden. Was sie selbst genau tun wollte – Theresa mochte sich da noch nicht recht festlegen. Ein kleines Tanzstudio hatte sie mit zwei Freundinnen schon gegründet, „mein Vater hat diesen Unternehmergeist sehr unterstützt", erzählt sie.

Aber sonst? Einfach um etwas zu tun, begann sie eine Kaufmännische Lehre bei den Kurbetrieben Wiesbaden, doch der Staatsbetrieb und die unternehmerisch denkende junge Frau – das waren zwei Welten. Nach neun Monaten kündigte sie, dachte über ein Sportstudium nach, das Schicksal wollte es anders. „Mein letzter Arbeitstag in Wiesbaden war der Tag, bevor Papa gestorben ist", erzählt Theresa.

Der Tod des Vaters änderte alles, Theresa stürzte sich in die Arbeit im Weingut. „Ich habe uns kennen gelernt", nennt sie die harte erste Zeit, „ich habe das dann inhaliert." Die Familie half, der Onkel, der die Gastronomie Schloss Rüdesheim in der Drosselgasse führt, stand ihr mit Rat und Tat zur Seite. „Meine Mutter hat mir dann die Bewerbungsunterlagen von Geisenheim auf den Schreibtisch gelegt", sagt Theresa schmunzelnd – in nur fünf Semestern absolvierte sie ihren Bachelor in Internationaler Weinwirtschaft. „Ich wusste ja, ich mache das um zu untermauern, was ich hier zu tun habe", sagt sie trocken.

Heute jettet die junge Chefin mal eben nach Sydney zum Weinverkauf, gerade war sie in Norwegen. Seit 2011 arbeiten sie komplett ökologisch im Weingut, das sei eigentlich „ohne Alternative", sagt Theresa, „wenn man ein bisschen darüber nachdenkt, was man tut." Spritzmittel, Chemie – bei einem Naturprodukt? „Wir sind der Interpret dessen, was die Natur uns zur Verfügung stellt", sagt sie, „wir versuchen, danach nichts mehr falsch zu machen."

Die Weine reifen in kleinen Fässern im Keller, aus vielen individuellen Gärvorgängen werden die Weine am Ende komponiert. Von einem „Puzzle aus Rebsorte, Lage und Temperatur", redet Theresa, das in jedem Jahr neu zusammengeführt werden müsse, reaktionsfreudig und undogmatisch. Ist das vielleicht weibliche Flexibilität? „Ich bin schon extrem sensibel und feinfühlig, da bin ich schon sehr typisch in meinem Geschlecht", sagt Theresa nachdenklich.

Aber dann sei da ja auch die starke Meinung und die starke Persönlichkeit – nein, das mit dem Männer- und dem Frauending, das sei eigentlich nie wichtig gewesen. „Die Jugend war die größere Herausforderung als das Geschlecht", sagt sie. Erfolg, sagt sie dann noch, könne ohnehin nur im Team funktionieren, „ohne meine Männer wäre ich nichts." Ihre Männer – das sind der Kellermeister Markus Lundén und der langjährige Betriebsleiter Hermann Schmoranz, der schon Bernhard Breuers rechte Hand war. „Wir sprechen viel mehr, als meine Männer mögen", sagt Theresa dann noch, und lacht: „Das ist dann das Pech, eine Chefin zu haben."

Bianka Rössler

Kapitänin

Mit 21 Jahren machte sie ihr Kapitänspatent, für eine der schwierigsten Strecken auf dem Rhein: Bianka Rössler fährt die Gebirgsstrecke durchs Mittelrheintal, von Assmannshausen zur Loreley. Heute ist sie Chefin der Schifffahrtslinie Rössler und Herrin über vier Personenschiffe. – Im Juni 2017 nahm sie mich mit auf ihre Schiffe vor Assmannshausen.

Groß geworden auf der
St. Nikolaus auf dem *R*hein

*A*ssmannshausen. Als sie im vergangenen Winter den Motor der *RheinStar* umbauten, schmiss sich Bianka Rössler mal eben den Blaumann über und half mit beim Ausbau der Steuerwelle. Der Chef ihrer Handwerker habe sich kaum eingekriegt, berichtet die 40-Jährige mit einem feinen Lächeln: „Irgendwann bin ich dann nach Hause, habe meinen Abschluss fotografiert und ihn ihm per WhatsApp geschickt." Das habe geholfen, sagt Rössler: „Es unterschätzen einen halt wirklich viele."

Gelernte Maschinenschlosserin ist die schlanke, dunkelblonde Frau, ihre Lehre absolvierte sie beim Fahrzeugbauer MAN in Wiesbaden. „Ich habe den Beruf lieben gelernt", sagt sie, „das war richtig toll." Ein Jahr arbeitete sie nach ihrer Ausbildung noch bei MAN, dann begann die erste große Entlassungswelle – und Rössler nahm eine Abfindung und ging. „Das Betriebsklima war mies geworden", sagt sie, da habe sie im Personalbüro einfach gefragt: Was kriege ich, wenn ich gehe?

„Was machst Du denn jetzt?", fragte der Papa, Tochter Bianka sagte spontan: Mein Kapitänspatent. Mitte Januar kündigte sie bei MAN, am 7. Februar wurde sie 21 Jahre alt, „und am 17. Februar hatte ich meine Prüfung", erzählt sie, und erinnert sich lachend: „Das war die erste Prüfung, wo ich richtig für gelernt habe." Die Nautik, die ganzen Vorschriften, Motorenkunde – Rössler musste büffeln.

Die Praxis war das Einfachste: Fünf Jahre Fahrzeit brauche man, um zur Prüfung zugelassen zu werden, „die Fahrzeiten hatte ich zusammen", sagt Rössler, „ich bin ja nach der Schule immer aufs Schiff gegangen." Die Schifffahrt, der Rhein – sie liegen Bianka Rössler im Blut. Die Assmannshäuserin stammt aus einer Dynastie von Rheinschiffern, „ich bin die siebte Generation", sagt sie.

Bianka Rössler ist gelernte Maschinenschlosserin, aber der Rhein ließ sie nicht los: Heute ist sie Kapitänin und Chefin der Schifffahrtslinie und fährt die schwierigste Rheinstrecken.

Der Opa setzte mit dem Nachen über den Rhein, schleuste auch nachts heimlich nach dem Krieg schon mal Waren über die Grenze zwischen Amerikanern und Franzosen. Ihr Vater kaufte 1977 die *St. Nikolaus,* ein kleines Personenschiff, fuhr Tagestouristen zwischen Rüdesheim, Assmannshausen und der Loreley.

„Ich bin auf der St. Nikolaus groß geworden, richtig in der Wiege", erzählt Rössler. Später spielte sie zwischen den Gästen, heimste Bonbons ein, wuchs auf dem Rhein auf.

Klar, dass sie zwischendurch auch einfach mal am Ruder stand, von einem alten Haudegen lernte sie, mit Radar zu fahren. „Alte Schiffsführer erzählen einem richtig viel, man lernt dann wirklich aus der Erfahrung", erzählt sie. Das Kapitänspatent schreckte sie daher nicht im Geringsten. Was, auf der Gebirgsstrecke willst Du Dein Patent machen, bekam sie von anderen Schülern zu hören. „Die Strecke war mein Zuhause", sagt Rössler nur, hier kenne sie jeden Stein, jeden Strudel, alle Strömungen.

Nach dem Patent sei sie erst einmal „ganz viel Schiffchen gefahren", erzählt Rössler, als sie schwanger wurde, wechselte sie ins Büro. Der Vater ließ 1986 die Rheingau bauen, 2003 folgte die RheinStar. Vier Personenschiffe besitzt die Rössler-Linie heute, alle fassen zwischen 250 und 600 Gäste, das neueste ist die 2011 gebaute *RheinDream*. Die Leitung des Familienunternehmens, die habe sie irgendwie schleichend übernommen, erzählt Rössler: „Mein Vater hat mir nie viel reingeredet, nie was verboten, nur manchmal hat er gesagt, ei, mach einfach – bedenk aber ..."

Rössler machte. Entwickelte Ideen. Setzte um. Die Romantik-Tour, die Gäste von Rüdesheim mit der Sesselbahn auf die Germania, mit dem Sessellift hinunter nach Assmannshausen und mit dem Schiff zurück nach Rüdesheim bringt, war ihre Idee, sagt sie: „Das hat Bombe funktioniert." Und dann kamen die Veranstaltungen: In einer Straußwirtschaft lernte sie eine Mittelalter-Begeisterte kennen, gemeinsam erdachten sie ein mittelalterliches Weihnachtsprogramm mit Brauchtums-Geschichten. „Wie Frauen nun mal sind", sagt Rössler lachend: „Die beschließen was, dann machen sie es auch."

Heute ist das Weihnachtsprogramm auf einem Rössler-Schiff zum Rüdesheimer Weihnachtsmarkt Standard, Rösslers Schiffe fahren bei Rhein in Flammen, bei den Mainzer Sommerlichtern, zu den Kölner Lichtern. Eine Tatoo Convention hatte sie schon zu Gast, Neujahrskonzerte, Comedyabende, Rockkonzerte. „Ich bin für alles zu haben", sagt sie, „das macht halt auch Spaß und den Erfolg des Unternehmens aus."

Hat sie denn auch mal Gefährliches erlebt, eine Havarie? Klar, erzählt Rössler: Einmal flog ihnen auf der Rheingau die Kupplung auseinander, es kam zum Brand im Maschinenraum. Von Bingen aus mussten sie zurückgeschleppt werden, eiskalt war es, und beim Schleppenden fiel der Anlasser aus, bei ihnen selbst war der Anker eingefroren – und sie trieben auf die Nahemündung zu ... Am Ende ging alles gut aus.

Einen Ruderausfall habe sie auch schon mal gehabt, mitten auf dem Rhein. „Ich hatte ja noch ein zweites Seitenruder", sagt sie cool, „da fährt man mal mit dem Kopf ins Land, das hat gar keiner der Gäste gemerkt." Fast 20 Jahre ist sie nun Kapitänin, seit vielen Jahren „der Boss" – was soll noch kommen? Ihren Binnenschiffsmeister wolle sie als nächstes machen, sagt Rössler, ein neuer Ausbildungsberuf. Durchgesetzt hat sie sich in ihrer Branche längst. „Heute", sagte sie noch, „erklären die mich nicht mehr für verrückt, wenn ich mit ihnen über einen Motor sprechen will."

Gertrud Traud

Chefvolkswirtin

Sie ist die Chefvolkswirtin der Landesbank
Hessen-Thüringen (Helaba), sie erklärt Männern
die (Aktien-)Märkte der Welt, und sie ist Chefin
über 30 Mitarbeiter: Gertrud Traud. – Ein Besuch
in der glitzernden Welt der Bankentürme
von Frankfurt im Juli 2017.

Jahresausblick: Die *W*elt fährt Autoscooter

*D*en Job, den ich heute mache, den kannte ich gar nicht", sagt Gertrud Traud, „Wirtschaft – das war etwas, was um die Ecke lag." Wir sitzen hoch oben im Main Tower mitten in der Banken City, Frankfurt liegt uns zu Füßen. Ziemlich passend für eine Frau, die in der bundesdeutschen Bankenland eine Seltenheit ist: Gertrud Traud ist Chefvolkswirtin und leitet die Forschungsabteilung der Landesbank Hessen-Thüringen (Helaba).

An der Wand hängen Bilder, die sie selbst gemalt hat, ausdrucksstarke Gemälde in sattem Rot oder tiefem Blau. „Ich mache mir gerne die Hände schmutzig", sagt die zierliche brünette Frau in dem edlen Kleid und mit dem perfektem Styling. Kleider, erzählt sie, trage sie erst seit einigen Jahren. In der Anfangszeit gab es nur dunkle Hosenanzüge, teilweise mit Weste, „man hat einfach die Uniform der Männer übernommen, Frau hat sich da angepasst", sagt sie. „Heute haben wir das nicht mehr nötig", ergänzt sie selbstbewusst.

Neben uns laufen Aktienkurse ununterbrochen über den riesigen Flachbildschirm an der Wand, die Dax-Kurve zeigt bedenklich nach unten. „Reine Korrektur", sagt Traud, „die Aktien sind zu hoch bewertet, aber alles gut." Den Kunden zu erklären, wie die Helaba die Welt sieht, genau das ist die Berufung der Gertrud Traud: Wachstumsprognosen, Länderanalysen, Devisenentwicklungen, die Lage an den Kapitalmärkten, die Chefsvolkswirtin analysiert, beschreibt, prognostiziert.

Ihre Analysen dienen als Grundlagen für Geschäftsentwicklungen der Sparkassen, aber auch für die Politik. Die Aufbereitung aber ist ihre Note: „Mein Jahresausblick heißt nicht Ausblick, sondern: die Welt fährt Autoscooter", sagt sie lachend, „2014 haben wir als Bildersprache Gummistiefel und Lackschuhe gewählt."

Dass die 53-Jährige heute Männern Wirtschaft erklärt, sie selbst hätte das nie gedacht. Lehrerin wollte sie werden, oder Jura studieren und ins Auswärtige Amt gehen. „Ich bin aufgewachsen am Ende der Welt", erzählt Traud, und das war damals wörtlich zu nehmen: Hünfeld, Osthessen, Zonenrandgebiet, und das in den 1970er Jahren. Der Vater Forstwirt, die Familie hatte eine kleine

Aufgewachsen am Ende der Welt, im Zonenrandgebiet, erkundete Gertrud Traud erst die Welt, studierte dann Volkswirtschaft – und erklärt heute Bankern die Aktienwelt.

Landwirtschaft, die Ferien verbrachte die kleine Gertrud immer bei Oma und Opa.

„Die Reisetante" nannte ihre Familie sie – Gertrud wollte schon damals „immer irgendwohin." Nach dem Abitur begann sie ein Biologiestudium und brach es wieder ab, ging dann als Aupair nach Frankreich. Im lothringischen Metz sei sie „noch schamvoll irgendwo hingegangen", erzählt sie, „wir haben uns damals entschuldigt, Deutsche zu sein." Dass man das heute nicht mehr müsse, ja, das sei der Verdienst von Helmut Kohl.

„Ökonomisch", sagt sie ganz sachlich, „hat er leider viel falsch gemacht."

Nach dem Jahr in Frankreich hängte Traud schnell noch ein Jahr Aupair in Washington D.C. dran. Blondierte Dauerwelle trug sie damals, das war hoch modern, „und mein großes Vorbild war Tina Turner", erzählt sie lachend. Sie sah die Power-Vorzeigefrau live über die Bühne toben, „die einzige Frau über 40, die Minirock trug", erinnert sich Traud.

Sie selbst war noch immer auf der Suche. „Ich wusste nicht, dass ich Spaß an Wirtschaft hatte, ich dachte ich wäre Naturwissenschaftlerin", sagt sie, „das war ein Missverständnis mit mir selbst." Während ihrer Zeit in den USA stieg der Dollar rasant, „und kein Mensch konnte einem das erklären", sagt Traud. Was in der Zeitung dazu geschrieben wurde, „ich hab' kein Wort verstanden", lacht sie – Wirtschaftszeitungen gab es noch nicht.

In Mainz begann Traud 1986 ein Studium der Volkswirtschaftslehre, und da funkte es. Ihre Doktorarbeit schrieb sie über die Frage einer politischen Währungsunion und die europäische Integration, 1995 schloss sie ab, da war der Euro noch fünf Jahre entfernt. „Es ist alles eingetreten, es hat nur länger gebraucht", sagt Traud. Nach der Promotion arbeitete sie zunächst als Aktien-Brokerin, baute dann ein Research Team bei einer zweiten Bank auf.

„So lange nur *Gertrud Traud* an der Tür stand, dachten alle, ich bin die Sekretärin", erinnert sie sich, erst als sie den Doktortitel tragen durfte, hörte das auf. Die junge Volkswirtin machte schnell Karriere, und liebäugelte doch immer wieder mit der Lehre. Einen Ruf als Professorin hatte sie bereits nach Darmstadt, da suchte die Helaba einen Chefvolkswirt, 2005 war das.

Wie setzt man sich durch in einer so ausgewiesenen Männerwelt? Man müsse seine Instrumente kennen und handhaben können, „dann kann keiner mit Worthülsen Eindruck schinden", sagt sie, „man muss Substanz dagegen setzen." Sie habe immer gerne geführt, sagt sie ganz selbstverständlich. Nun ist sie 53, lebt ihren Traumjob, macht nebenher intensiv Sport, Tennis, Skifahren – was soll da noch kommen?

„Neues", sagt Traud wie aus der Pistole geschossen, „ich bin immer noch sehr neugierig, ich will Dinge erleben." Ihre Mutter sei ein Bauernkind aus der Rhön gewesen, die nicht einmal auf eine weiterführende Schule gehen durfte. „Sie hat mir beigebracht, dass es etwas Tolles ist, Lernen zu dürfen", sagt Traud: „Nur wegen reich und berühmt sollte man das nicht tun – man muss Dinge machen, in denen man gut ist."

Margit Dietz

Unternehmerin

*Sie ist Chefin eines Bauunternehmens
mit zweistelligem Millionenumsatz,
und sie ist die Hessische Vorsitzende
des Verbands Deutscher Unternehmerinnen:
Margit Dietz. Ein Besuch bei der Powerfrau
in Dreieich, die eigentlich Globetrotterin
werden wollte, im Juli 2017.*

Für mich gab es
keine Vorbilder

Sie haben die Startbahn West gebaut und die Frankfurter Zeil umgestaltet – fast 130 Jahre weit reicht die Historie der Firma Jean Bratengeier zurück. 1888 gründete der Pflasterermeister Jean Bratengeier seine Frankfurter Baufirma und machte sie zu einem der führenden Straßenbauunternehmen der Region. „Er war mein Urgroßvater, ich bin die vierte Generation", sagt Margit Dietz, kaufmännische Geschäftsführerin der Firma – und dabei wollte sie eigentlich etwas ganz anderes werden.

„Volkswirtschaft – das war die Ausrichtung, die ich eigentlich einschlagen wollte", sagt Dietz lachend. Nun sitzen wir in einem nüchternen Büro am Rande von Dreieich, nur das Bagger-Gemälde auf dem Fensterbrett deutet darauf hin, dass hier die Chefin über mehr als ein Dutzend Bagger, Radlader, Walzen, Asphaltfertiger und 160 Mitarbeiter wirkt. Die Baubranche – das ist Männerland.

„Die Rolle der Frau ist ja traditionell eine dienende und pflegende gewesen, damit kämpfen wir immer noch", sagt Margit Dietz trocken. Die Führung des Unternehmens – in die Wiege gelegt wurde sie der 59-Jährigen nicht unbedingt. Dabei liegt es zumindest in der Familie: Urgroßvater Jean hatte fünf Söhne und einen Schwiegersohn, bis heute gehört die Firma einem weit verzweigten Erbenstamm.

„Meine Familie war ein Teil davon, außer mir gibt es noch zehn Gesellschafter", erzählt Dietz. Ihren Vater besuchte sie gelegentlich in der Firma, Bruder Gerhard Bratengeier ist heute der technische Geschäftsführer.

Die Tochter Margit machte erst einmal etwas völlig anderes: Volkswirtschaft studierte sie in Frankfurt, arbeitete danach in der Firmenkundenbetreuung bei der Dresdener Bank. Dann kamen drei Kinder – und Dietz hörte erst einmal auf zu arbeiten. „Ich wusste nicht so richtig, wie ich es koordinieren sollte", erzählt sie. Die Kinderbetreuung war bei Weitem nicht so ausgebaut wie heute, „und ich hatte auch keine Vorbilder", sagt sie.

Bagger und Radlader sind ihre Welt – seit 2009 leitet Margit Dietz die Baudynastie der Bratengeiers als kaufmännische Chefin. In die Wiege gelegt wurde ihr das nicht.

Noch heute sei es schwierig, Familie und Beruf unter einen Hut zu bekommen. „Ich rate jungen Frauen, Stehvermögen mitzubringen und die finanzielle Seite zu sehen", sagt Dietz: „Die Versorgungsehe funktioniert nicht mehr, ihr müsst wirtschaftlich unabhängig sein." Seit 2016 ist sie hessische Landesvorsitzende des Verbands deutscher Unternehmerinnen. Frauen zu fördern, zum Unternehmertum zu ermutigen, Frauen stark machen, das sind ihr wichtige Ziele.

„Wir Frauen sind mit dem Netzwerken noch nicht ganz so weit wie die Männer", sagt Dietz, „Vitamin B wie Beziehung ist für uns einfach negativ besetzt." Männer nutzten ganz selbstverständlich ihre Verbindungen für ihre Belange, Frauen hätten „immer die Sorge, dass dann an unserer Qualifikation gezweifelt wird." Dabei sei „das

Thema doch durch", sagt sie entschieden: „Wir wissen doch, dass Frauen die besseren Abschlüsse haben."

Gerade hat sie am Communique der „W20"-Frauen mitgewirkt, dem Frauen-Parallelgipfel zum G20, die Ziele hätten Eingang gefunden ins Abschlussstatement des Weltgipfels, sagt sie stolz. Frauen eine entschiedenere Stimme zu verschaffen, gehört zu werden – Margit Dietz ist die richtige dafür. „Ich habe gerade mein Tagebuch wieder gefunden", erzählt sie lachend, „mit 15 dachte ich schon: ich brauche Gestaltungsspielraum." Globetrotterin habe sie damals werden wollen, habe immer schon „machen" wollen. „Ich habe immer so gearbeitet, als wäre es mein Laden", erinnert sie sich, selbst in der Großbank. Eine gute Haltung – für ein Familienunternehmen.

Als der Jüngste im Kindergarten war, ging sie wieder arbeiten, erst im bekannten Weingut Kruger-Rumpf in Münster-Sarmsheim, später in der Möbelbranche. Dietz war immer für das Kaufmännische zuständig, fuhr allerdings auch schon mal mit auf Weinmessen. „Das war schon sehr spannend, man hat noch mal einen ganz anderen Eindruck ins Unternehmertum bekommen", sagt sie heute.

Dann starb 2003 überraschend der kaufmännische Geschäftsführer der Bratengeier Bau GmbH, „und ich war die einzige, die einen kaufmännischen Hintergrund hatte", sagt Dietz: „Man hatte die Idee, ich könnte das mal machen." Dietz machte. Als die Muttergesellschaft in eine GmbH & Co. KG umfirmiert wurde, war sie in ihrem Element, führte die Verhandlungen mit den Banken und konnte mit ihrem alten „Stallgeruch" punkten.

2009 übernahm sie die kaufmännische Leitung bei Bratengeier. „Man muss sich seine Position schon verdienen", sagt sie über ihren Spitzenjob in der Männerbranche. Heute gehe sie über die Zeil und freue sich über die Sanierung mit den 250 Kilogramm schweren Fliesen in spezieller Verlegetechnik. Rollbahnen am Flughafen sanieren sie immer noch, viele Baustellen in Frankfurt tragen das Bratengeier-Label.

Und Margit Dietz spricht vom notwendigen Stolz auf herausragende Bauwerke, vom zu großen Perfektionismus vieler Frauen, und dass wir mehr Unternehmergeist brauchen. „Ich glaube man ist letztlich nur glücklich, wenn man in seinem Leben auf dem Fahrersitz sitzt anstatt auf dem Beifahrersitz", sagt sie dann noch, „ich muss doch Verantwortung für mich selbst übernehmen."

Laura Nossing

Fluglotsin

Sie ist die Herrin über bis zu einem Dutzend Flugzeuge gleichzeitig, die sie sicher durch den Flugraum nördlich von Frankfurt steuert: Laura Nossing ist Fluglotsin bei der Deutschen Flugsicherung (DFS) in Langen. – Im September 2017 durfte ich ins Allerheiligste der DFS – den Kontrollraum – und Laura ein bisschen über die Schulter schauen.

Es ist meine Sache, wie ein Flieger ins Ziel kommt

Haben wir Wetter?" fragt Laura Nossing den Kollegen. „Ja", sagt der, „aber nichts Krasses." Gewitter liegen über der Region nördlich von Frankfurt, Nossing schaut konzentriert auf den Bildschirm vor ihr mit den vielen Mini-Flugzeugen. Rechts daneben zeigt ein zweiter Bildschirm die Gewitterzelle an. „Lufthansa 487 request heading 200 ...", tönt es leise aus dem Funkgerät. „There's a shooting area", antwortet Nossing, „turn left heading 220, I call you back for further left turn in 5 miles."

Wir sitzen in der Kontrollzentrale der Deutschen Flugsicherung (DFS) in Langen. Zwei Tische weiter werden die Flieger im Westen und Osten des Flughafens durch den Luftraum gesteuert, auf der anderen Seite des Raumes durch den Luftraum um Stuttgart, Düsseldorf, Köln-Bonn. Räumlich gesehen sind die Flieger hier ganz weit weg, optisch erinnert fast nichts an Fliegerei. Und doch werden von diesem Raum aus rund 1,2 Millionen Flüge über dem gesamten westlichen Luftraum von Deutschland überwacht, gesteuert und kontrolliert.

Laura Nossing arbeitet bereits seit 2004 als Fluglotsin im Langener Kontrollzentrum, ihr Gebiet: Der Luftraum nördlich des Frankfurter Flughafens. Das ist durchaus großzügig gemeint: „Hier oben ist Kassel, hier links Köln,

rechts Erfurt", zeigt Nossing. 130 Kilometer lang und breit
ist in etwa der Sektor, den sie zu überwachen hat.

Die Fluglotsin ist dafür zuständig, dass die Flieger ihre
vorher angegebenen Routen einhalten, auf den Airways
bleiben und nicht auf Kollisionskurs miteinander geraten.
Winzige Zahlen unter den Flugzeugsymbolen geben Aus-
kunft über Höhe und Geschwindigkeit, so kann Nossing
kontrollieren, ob die Piloten ihre Anweisungen auch umsetzen – und Folgen müssen ihr die Herren in den Cockpits.

In ihrem Sektor hat die Fluglotsin das Sagen, sie entscheidet, ob der Flieger steigen oder sinken muss, und sie weiß, welche Areas es zu um-fliegen gilt. Da gibt es Fallschirm-sprungzonen oder militärische Ge-biete – die „shooting areas" –, wo scharf geschossen werden kann.

Als Teenager gewann sie einen Segelflug, heute steuert sie sicher ein Dutzend Flugzeuge durch den Luftraum: Laura Nossing ist Fluglotsin. Und Wingsuit-Springerin.

An diesem Montag herrscht Gewitterzeit im Norden von
Frankfurt, Nossing muss die Piloten sowohl um die Gewitter als auch um die Sperrzonen herum lotsen.

„Ich kann einen Flieger unter einem anderen durch-
fliegen lassen oder ihn drüber heben", erklärt sie, die
Strategie, wie sie die Flugzeuge durch den Luftraum
lotst, entwirft sie selbst. „Das ist im Endeffekt das Schöne an meinem Job", sagt sie, „so lange alle sicher ins Ziel
kommen, ist es meine Sache, mit welcher Methoden ich
das erreiche."

Fluglotsen, das ist einer der am höchsten qualifizierten
Jobs der Republik. Die Fachleute sind Spezialisten für ein
bestimmtes Gebiet und müssen enorm viel Hintergrund-

wissen im Kopf haben. „Ich kann einem Flieger nicht eine beliebige Steigrate zuweisen, wenn der das nicht kann, nützt mir das ja nichts", erklärt Nossing. Also muss sie in ihre Strategie einbeziehen, ob das Flugzeug Kurzstrecke fliegt oder gar interkontinental unterwegs ist – dann hat er nämlich mehr Benzin getankt und ist schwerer. „Es gibt Hunderte kleiner Faktoren, die wir einbeziehen müssen", sagt Nossing, „das läuft fast unbewusst ab."

2001 begann sie ihre Ausbildung als Fluglotsin bei der DFS in Langen, da war sie gerade 20 Jahre alt. 13 Monate lang büffelte sie Theorie und übte allein ein halbes Jahr lang am Simulator, bevor sie in die Praxis durfte. 12 bis 24 Monate dauert das Onjob-Training, bei dem die angehenden Lotsen unter Aufsicht arbeiten. Die Anforderungen sind enorm: „Multitasking ist wichtig", sagt Nossing, aber auch Entscheidungsfreude, Teamfähigkeit, Mehrfachbelastbarkeit. Höchste Anforderungen werden an schnelle Wahrnehmung und Reaktionen gestellt, schließlich muss der Lotse im Krisenfall blitzschnell umdenken können.

„Man braucht einfach eine sehr seltene Kombination von Fähigkeiten", sagt Nossing, „das hat nichts mit Noten zu tun und nichts mit Intelligenz." Sie selbst sei in Mathe „eine Niete" gewesen, sagt sie lachend.

Es begann alles mit einem Gewinn in einem Preisausschreiben: Als Teenager gewann Nossing einen Segelflug – fortan ließ sie die Luftfahrtbranche nicht mehr los. Die Schülerin aus einem kleinen Ort bei Hameln machte selbst eine Segelflugausbildung, ein Fluglotse aus Hamburg hielt den Unterricht und bot an, seinen Arbeitsplatz zu besichtigen. Nach dem Abitur bewarb sich Nossing bei der DFS, durchlief das mehrstufige Auswahlverfahren und wurde genommen.

Heute ist die 35-Jährige selbst Ausbilderin und Prüferin und sagt, sicher sei es ganz normal, dass Frauen den Job machten. Gut 2000 Fluglotsen beschäftigt die DFS, ein Drittel davon sind weiblich. Ja, es gebe schon noch leichte geschlechterspezifische Unterschiede, sagt Nossing: Männer seien tatsächlich etwas schwächer im Multitasking, Frauen beim räumlichen Vorstellungsvermögen. Und mit Männer-Domänen kennt sie sich aus: 2012 war Nossing Teilnehmerin am Weltrekord im Wingsuit-Formationsfliegen in Kalifornien.

Wollte sie irgendwann mal etwas anderes machen als Fluglotsin? Nein, sagt sie, der Job sei ungeheuer abwechslungsreich, immer spannend: „Gelangweilt hab ich mich selten."

Hildegard Schuster

Präsidentin Hessischer Landfrauenverband

„Nicht über irgendwas reden, sondern mitreden",
das ist das Motto von Hildegard Schuster. Wer erwartet hat,
dass die Präsidentin des Hessischen Landfrauenverbandes
verhalten und altbacken daher kommt, täuscht sich gewaltig:
Mit Power führt die Frauenvorkämpferin den Verband in
die moderne Zeit. Ein Gespräch im Juli 2017 im ländlichen
Friedrichsdorf über Frauenrechte, Frauenbildung und
junge Frauen hinter dem Kinderwagen.

Ich möchte
*F*rauen wachküssen

*L*andfrauen – das sind altbackene Damen vom Lande, rückständig, ungebildet, Herd-treu? „Ich weise das strikt von mir", sagt Hildegard Schuster, und guckt streng: „Wir haben Frauen aus allen Berufsgruppen, überparteilich, überkonfessionell. Erzieherinnen, Ärztinnen, Gärtnerinnen, bis hin zur Mathematikerin – bei uns ist alles drin." Dann lacht die 63-Jährige und sagt mit feinem Lächeln: „Wir kochen gerne, und backen Kuchen – aber wir sind von heute. Das macht mich stark und glücklich."

Wer hätte das gedacht: Mitten im Taunus, am Rande von weiten Feldern und Wiesen, wirkt eine wahre Kämpferin für Frauenrechte. Seit 2013 ist Hildegard Schuster Präsidentin des Hessischen Landfrauenverbandes, doch ihr Gestalten währt schon viel länger: Von 2006 bis 2012 wirkte sie hauptamtlich für die Landfrauen, bezahlt vom Ministerium in Wiesbaden. Ob die Herren wussten, worauf sie sich einließen?

„Wir werden von der Politik gehört", sagt Schuster selbstbewusst, und berichtet, wie der Ministerpräsident die Landfrauen wieder und wieder an den Tisch holte, auch bei der Flüchtlingskrise 2015. Kein Wunder: Mit 48 000 Mitgliedern in 738 Ortsvereinen sind die Landfrauen einer der größten Verbände im Land, der größte Frauenverband sowieso. „Wir sind autark, haben weder Partei noch Kirche im Hintergrund", sagt Schuster, auch vom Bauernverband, den „Cousins nebenan", sei man unabhängig, betont sie. Und wenn es nach Hildegard Schuster geht, dann werden die Landfrauen in Zukunft mit ihren Pfunden noch viel mehr wuchern.

„Keine Ärzte, kein Zebrastreifen, kein Dorfmittelpunkt? Genau in diesen Punkten machen wir unseren Frauen Lust, mitzugestalten", erklärt Schuster. Mehr Geld für soziale Berufe, eine höhere Wertschätzung für die Arbeit mit Menschen, Bildung, Weiterbildung, Digitalisierung der externen Höfe – das Themenspektrum der Landfrauen ist breit wie nie. Die Landfrauen fordern Lockerungen im Denkmalschutz, um jungen Familien Lust auf alte Häuser in Dörfern zu machen.

Sie war eine Frau vom Lande, den elterlichen Hof bekam der Bruder – heute ist Hildegard Schuster Chefin der Landfrauen in Hessen. Und küsst andere Frauen wach.

Jüngst schickte Schuster Fachärztinnen zum Thema Brustkrebs auf die Dörfer, dort halten sie Vorträge, nur unter Frauen, das komme hervorragend an, erzählt sie. „Bildung ist immer der Schlüssel zu allem", sagt sie, „jetzt haben wir gut ausgebildete junge Frauen und wollen sie mit 26 hinter den Kinderwagen stellen?"

Schuster weiß genau, wovon sie redet, sie selbst stammt von einem Bauernhof, in Frankfurt-Schwanheim. „Bereich der Bauern und Banker", sagt Schuster. Den elterlichen Hof hätte sie gerne übernommen, sie liebt die Arbeit in der Landwirtschaft, Kartoffeln und Spargel hatten sie, ihre Spargelsuppe war der Renner. Doch den Aussiedlerhof, den bekam der Bruder, „der war männlicher Art", sagt Schuster trocken, „das wurde einfach nie in Frage gestellt."

Sie selbst musste bei den Eltern immer kämpfen, dass sie weiter lernen durfte. Chemielaborantin sollte sie werden, der Industriepark Höchst lag ja vor der Haustür. Schuster wehrte sich. Mit gut 18 Jahren machte sie ihr Fachabitur, studierte danach Dank eines Stipendiums in Gießen Ernährung, Haushalt und Landwirtschaft. Bei einem Praktikum begegnete sie der damaligen Landfrauenchefin, Ilse Heil, die habe immer gesagt, „wir haben jetzt erst mal über die Frauenrechte zu reden", erzählt Schuster.

Frauenrechte – das war Ende der 1960er Jahre ein Fremdwort. Frauen durften sich damals abends mal treffen, das war's. „Die Männer sagten: Kirche oder Landfrauenverband", erinnert sich Schuster, und ergänzt trocken: „In der Kirche werde ich nicht viel ändern, Frauen stehen dort nicht für Gleichberechtigung."

Also widmete sie sich den Landfrauen, schwärmt, wie der Verband nach dem Zweiten Weltkrieg als einer der ersten Bildungsträger im ländlichen Raum Frauen weiter bildete. Schuster selbst wurde nach dem Studium Hauswirtschaftsleiterin an der Frankfurter Universität, später landwirtschaftliche Beraterin. Sie heiratete einen Arzt, bekam vier Kinder, doch als der jüngste 12 war, starb ihr Mann unerwartet – Schuster kehrte zurück in ihren alten Job. Als Beraterin an der Bergstraße sah sie die Schwierigkeiten, aber auch die Chancen der ländlichen Räume.

„Meine große Herausforderung", sagt Schuster, „ist den Verband in die neue Zeit zu führen." Jungen Bäuerinnen rät sie heute, bloß einen Vertrag zu machen bei der Heirat,

Kindergruppen zu gründen, selbst eine Grundausbildung zu machen. „Ich möchte Frauen wachküssen", sagt Schuster, „ihnen zeigen, dass wir viel mehr erreichen können – wenn wir uns nur zusammenschließen."

Sarah Enders

Lehrerin und Rettungschwimmerin

Sie sind immer braun gebrannt und laufen in Zeitlupe über den Strand – Rettungsschwimmer, das ist doch wie bei Baywatch? Sarah Enders ist ein Lifeguard, zuständig bei der DLRG Hessen für Meisterschaften im Rettungsschwimmen. Ein Besuch bei ... Wo, bitte? Natürlich im Schwimmbad, im hessischen Friedrichsdorf im August 2017.

Die Lebensretter, sie sind eine große *F*amilie

*D*er kleine Sden paddelt konzentriert durchs Wasser, „du schaffst das!" motiviert Sarah Enders den Vierjährigen, und in der Tat: Der kleine Mann absolviert mit Bravour sein Seepferdchen. Zehn bis zwölf „Minis" ziehen gerade Bahnen im Friedrichsdorfer Freibad, trainieren Kraul-Beinschlag oder Brustschwimmen. Sarah Enders, braun gebrannt und in der roten Kleidung der DLRG, lässt den Blick übers Wasser schweifen. „Man guckt ja doch immer ein bisschen, ob noch alle Köpfe über Wasser sind", erzählt sie schmunzelnd von ihrem Urlaub in Spanien, „das kann man nicht wirklich abschalten."

Sarah Enders ist Rettungsschwimmerin bei der Deut-schen Lebens-Rettungs-Gesellschaft (DLRG), und das, erzählt sie, irgendwie schon ihr ganzes Leben lang. Die Eltern waren in der DLRG Baunatal. „Ich bin am 23.5.1981 geboren und zum 1.6.1981 Mitglied geworden", sagt sie. Es ist Familientradition, ihre eigenen Zwillinge wurden gleich mit der Geburt Mitglied in der DLRG, bei Enders Mann war es genauso. Die Lebensretter – sie sind eine große Familie.

Die Lifeguards – seit der Kultserie Baywatch weckt das Bilder von muskelbepackten Schrankmännern, sexy Blondinen in knappen Bikinis und jeder Menge Rettungs-

Action. Rote Kleidung trägt Sarah Enders auch, braun gebrannt ist sie ebenfalls – ansonsten aber kommt die 36 Jahre alte Grundschullehrerin eher beherrscht-sachlich daher. „Der Schwimmsport und die Idee, jemandem zu helfen, das ist in unserer Gesellschaft nicht unbedingt verkehrt", sagt sie. Tough ist vielleicht so ein Wort, das einem zu der 1,65 Meter kleinen Frau einfällt.

Sarah Enders' Element ist das Wasser, von klein auf. Vom Drei-Meter-Turm springt sie, bevor sie schwimmen kann.

Hindernisschwimmen, eine Rettungspuppe abschleppen, Segler auf dem Edersee retten – Sarah Enders ist Rettungsschwimmerin. Mit Baywatch hat das wenig zu tun.

„Ich bin dann eben unter Wasser zum Beckenrand gepaddelt", erzählt sie. Mit Wettkämpfen beginnt sie, als sie acht Jahre alt ist, bis zum Alter von 23 Jahren nimmt sie regelmäßig an Meisterschaften teil. Nur dass es dabei nicht einfach um Brustschwimmen oder Freistil geht: „Wir haben 50 Meter Retten und müssen dabei eine orangene Schlepppuppe zuerst hochholen und dann abschleppen", erklärt Enders.

Andere Disziplinen sind 50 Meter Flossenschwimmen oder Hindernisschwimmen, dabei müssen die Teilnehmer unter Hindernissen durchtauchen. Im Jahr 2000 war Enders Vizemeisterin in Hessen im Mehrkampf. Fast unnötig zu erwähnen, dass sie natürlich sämtliche Schwimmabzeichen absolvierte – „bis auf das Goldene Rettungsschwimmabzeichen", sagt sie lachend, „das braucht man irgendwie gar nicht so richtig für die Lizenzen."

Rettungsschwimmen – das ist eine ganz eigene Sportart mit eigenen Meisterschaften, sogar ein Teil der World

Games sind die Lifesaver, wie sie international heißen. „50 Prozent sind eigentlich Technik", sagt Enders. Seit 2010 betreut sie das hessische Team bei den Deutschen Meisterschaften im Rettungsschwimmen, seit 2011 ist sie die Beauftragte der DLRG Hessen im Rettungssport.

Wie viele Menschen sie schon das Leben gerettet hat – Enders kann es gar nicht genau sagen. Als Jugendliche und während des Studiums arbeitete sie als Schwimmaufsicht im Schwimmbad in Baunatal, erlebte öfters Kinder, die im Wasser untergingen – weil die Schwimmflügel nicht richtig aufgepumpt waren oder Eltern ihre Kleinen „mal kurz" am Beckenrand sitzen ließen. „Da konnte man dann direkt hinterhergreifen", sagt Enders, ganz gelassen.

Seit 2005 ist sie Teil des Teams der DLRG Schulungsstätte Hessen Nord und der Rettungsstation am Edersee, jedes zweite oder dritte Wochenende verbringt sie an dem großen Binnengewässer. „Wir haben nebenan direkt eine Segelschule, die „sichert" schon die eine oder andere Kenterung", sagt Enders. Dann geht es mit dem Rettungsboot raus auf den See.

Viele Einsätze verursachen Erwachsene, die sich beim Schwimmen überschätzen. „Einmal quer über den See, das sind bei uns 850 Meter, es sieht aber nicht so weit aus", sagt sie. Sie selbst schwimmt schon mal am Morgen einmal durch den Edersee, „aber immer mit Gurtretter", betont sie – der leuchtend orange Rettungsgurt sorge auch dafür, dass die Köpfe der Schwimmer auf dem Wasser besser zu sehen sind.

Vor zehn Jahren zog Enders zu ihrem Mann nach Friedrichsdorf, zwei Schwimmkurse und drei Trainingsgruppen hält sie hier pro Woche – alles neben ihrem Fulltime-Job als Grundschullehrerin. „Es ist schon wichtig, dass man einen Partnern hat, der die Begeisterung für das Engagement verstehen kann", sagt sie. Gibt es Männer, die Probleme mit ihr als Frau haben? „Das war eigentlich nie ein Problem", sagt Enders, „man hat schon Respekt uns gegenüber."

Einmal, im Spanienurlaub, war es, als ihr Bruder sagte: „Oh guck mal, ich glaube, da geht gerade jemand unter." Ein älterer Mann in seinen 70ern versank im Meer, Enders schwamm raus und holte ihn an den Strand zurück. „Ich habe dann die Wiederbelebung gemeinsam mit zwei anderen gestartet, bis die Sanitäter kamen", sagt sie – der Mann dürfte ihr sein Leben verdanken. Wie gut, dass Sarah Enders immer die Köpfe im Wasser im Blick hat.

Hadmut Birgit Jung-Silberreis

Leiterin JVA Wiesbaden

Sie war die erste Frau in Hessen, die einen reinen Männerknast leitete, sie gilt als tough und sie schwärmt von ihrem Beruf. Besuch im August 2017 bei einer Frau, die hinter Gittern arbeitet.

... wenn es auch
viel *U*nheil anrichtet

*D*ie Gitter vor ihrem Bürofenster sieht sie schon gar nicht mehr. „Wenn hier mal Gefangene sind ...", sagt Hadmut Birgit Jung-Silberreis. Die elegante 61-Jährige in ihrem Businesskostüm könnte in jeder Vorstandsetage jedes Unternehmens sitzen, doch das hier ist kein normaler Bau: Jung-Silberreis ist Chefin der Justizvollzugsanstalt Wiesbaden – dem Gefängnis für junge Straftäter zwischen 19 und 24 Jahren, ein reiner Männerknast mit 200 bis 240 Gefangenen. „Ich habe schnell gesehen, dass das ein schöner Beruf ist", sagt die Juristin.

Gefängnisleiterin – ein schöner Beruf? „Er hat mit Menschen zu tun, mit gesellschaftlichem Ausgleich, und er hat ganz viel mit Gestaltung zu tun", sagt Jung-Silberreis und strahlt ein wenig von innen heraus. Ein Gefängnis sei schließlich ein kleines Unternehmen mit vielen Mitarbeitern aus vielen verschiedenen Berufen, „man bekommt ganz viele Ressourcen anvertraut – und man darf relativ schnell Entscheidungen treffen."

Jung-Silberreis war die erste Frau in Hessen, die eine Männer-Justizvollzugsanstalt leitete, 1990 war das – und eine Frau in dieser Position für viele noch undenkbar. „Ich sollte eigentlich nach Butzbach", erzählt sie, „aber da hat der Personalrat nicht zugestimmt." Eine Frau würde unter den ganzen schweren Jungs vergewaltigt und verprügelt, da müsse ja immer ein Mann auf sie aufpassen. „Solche Gedankengänge, das war damals normal", sagt sie trocken.

Pilotin wollte die junge Frau mit dem ungewöhnlichen Vornamen eigentlich werden, bewarb sich nach dem Abitur bei einer Fluggesellschaft. „Der Hadmut Jung bekam eine Einladung, die Birgit Jung eine Absage", erzählt Jung-Siberreis. Die Begründung: „Sie stellen Frauen grundsätzlich nicht ein – das ging damals noch."

Jung-Silberreis studierte stattdessen Jura in Frankfurt, beschäftigte sich mit Kriminologie, hospitierte schon während des Studiums bei der Polizei, auf einem Frankfurter Polizeirevier, „mitten im Leben", sagt sie. Neugierig auf das Leben, auf die Menschen war die in behüteten Verhältnissen aufgewachsene Hadmut Birgit schon immer, jobbte in Kneipen und einer Disco. „Ich mag Menschen ungeheuer gerne", sagt sie: „Der Mensch ist ein ungeheuer liebenswertes Geschöpf, wenn es auch viel Unheil anrichtet."

Pilotin wollte sie werden, heute leitet Hadmut-Birgit Jung-Silberreis einen Männerknast in Wiesbaden. Mit engelsgleichem Auftritt bekommt man das nicht hin.

Das mit dem Unheil, das richteten Menschen „nicht aus sich heraus an", erklärt sie, da gehöre schon einiges dazu: Eine Veranlagung, Probleme nicht anders lösen zu können, äußere Umstände, die persönliche Entwicklung, vielleicht einfach Unglück oder ein schlechter Einfluss. „Jeder Mensch hat dann und wann von den Normen abweichendes Verhalten", sagt sie gelassen. Das Ziel eines Gefängnisses sei immer, dass der Gefangene keine Straftaten mehr begehe. „Wir strafen nicht", betont Jung-Silberreis, „das tun die Richter" – und deshalb sei es auch so enorm wichtig, mit den Gefangenen „anständig umzugehen, mit Respekt."

Es war 1982, als die junge Rechtsreferendarin in diese eigentlich ihr so fremde Welt geworfen wurde: „Ich wäre gerne Staatsanwältin geworden", erzählt sie, doch dort war keine Stelle frei. Stattdessen bot man ihr eine Stelle im Justizvollzug an, „und wie das so ist bei jungen Menschen, man sagt sich, nimm was du kriegst." Aus heiterem Himmel sei das gekommen.

Jung-Silberreis legte eine Blitzkarriere hin: Nach zwei Jahren war sie bereits stellvertretende Anstaltsleiterin, mit 31 Jahren wurde sie Leiterin der Frauenanstalt in Frankfurt. Anfang 1990 wurde sie Leiterin von der Untersuchungshaftanstalt in Frankfurt-Höchst, „in der Zeit bekam ich mein zweites Kind", erinnert sie sich. Zwei Kinder hat Jung-Silberreis, ihren Job machte sie dennoch weiter, Vollzeit natürlich. „Ich habe nicht studiert, um zuhause zu bleiben", sagt sie klar.

„Es war schon eine fremde Welt", sagt Jung-Silberreis, manche Geschichten und Schicksale gingen einem schon nahe, „das muss man verstehen lernen." Gibt es auch wirklich böse Menschen? „Ich glaube das, ja", sagt sie. Menschen seien das, bei denen man nichts mehr bewegen könne, wo keine Veränderung möglich sei. „Das spürt man – trotzdem gilt mein Auftrag", betont sie.

Krisen musste sie durchstehen, die Zeit der Aids-Welle etwa, manchen Selbstmord, auch mal „Entweichungen", wie sie sagt. Extremismus, der radikale Islam, das sind die Themen, die sie heute umtreiben. „Wir haben alle zu spät verstanden, was da geht", sagt sie. Seit 2007 arbeitet der inzwischen bekannt gewordene deutsche Imam Husamuddin Meyer als Gefängnisseelsorger bei ihr in der JVA Wiesbaden, die sie seit 2006 leitet. Meyer sei „ein Glücksfall", sagt sie, habe früh auf radikale Tendenzen bei muslimischen Gefangenen aufmerksam gemacht.

Mit den Herausforderungen habe sie schnell gelernt zu reagieren, „und dabei nicht zu viel Unsicherheit zu zeigen", sagt sie: „Da lernt man: du musst entscheiden, du kannst jetzt nicht wochenlang diskutieren." Probleme mit mangelndem Respekt, weil sie eine Frau ist, nein, die habe sie eigentlich nicht: „Man hat ja die Macht", sagt sie, „und ich komme ja nun auch nicht mit sanftem Schritt daher und elfengleich."

Sagt es, und lacht – dass sie als *tough* gilt, weiß die 61-Jährige. „Das war ich früher überhaupt nicht", sagt sie nachdenklich, „ich bin entschieden, klar, aber tough? Ich glaube nicht." In den Justizvollzug würde sie immer wieder gehen, sagt sie zum Abschied noch. Und vielleicht war das alles ja doch kein Zufall: Ihre Abiturarbeit, erzählt Jung-Silberreis noch, habe sie zum Thema geschrieben: das Böse in Lady Macbeth.

Susanne Schröter

Islamexpertin

Sie warnte als erste vor der Abhängigkeit der islamischen Ditib vom türkischen Staat und öffnete den Deutschen die Augen für radikale Tendenzen im Islam: Susanne Schröter, Professorin an der Frankfurter Goethe-Uni. Dabei ist die 59-Jährige eigentlich Ethnologin, und kommt aus der Geschlechterforschung. Ein Gespräch über Matriarchatstheorien, Polynesien und eine Islamische Renaissance im September 2017 in Wiesbaden.

Das *E*igene zu untersuchen
war nicht üblich

*D*ie Überraschung sind die Muschelkette aus Polynesien, der orientalische Dolch an der Wand, die grimmige
Maske. „Das ist ein guter Dämon", sagt Susanne Schröter, „mein neuestes Stück." Ja, ist denn Susanne Schröter, DIE Expertin für radikalen Islam gar keine Islamwissenschaftlerin? „Nein", sagte sie und lacht, „und das ist
auch gut so. Ich beschäftige mich mit dem gelebten Islam."
Die Frau, die 2014 das Zentrum für globalen Islam an der
Universität Frankfurt gründete und damit in Windeseile
Aufmerksamkeit erregte – ist eigentlich Ethnologin.

„Die Ethnologie hat die Menschen im Blick", sagt Schröter. Als Islamwissenschaftlerin würde sie ständig in Texten
„den wahren Islam suchen", sie aber interessiert der Alltag
der Menschen. „Wenn ich mit Musliminnen in einer Mo-
schee beim Frauenfrühstück sitze, interessiert mich: was
denken die? Aber auch: was ist das für eine Gruppe? Wie
verhalten die sich untereinander", erklärt Schröter.

Drei Jahre lang untersuchte sie intensiv muslimische
Gruppen und Moscheen in Wiesbaden, traf sich mit
Frauen, besuchte islamische Feste, lud Menschen zu sich
nach Hause ein. „Auf dieser langen empirischen Forschung
beruhen viele meiner Erkenntnisse", sagt sie. Ihr Buch
„Gott näher als der eigenen Halsschlagader" – ein Koran-

zitat – war das Ergebnis, es zeigte erstmals fundiert auf, wie strenggläubige Muslime in Deutschland leben und denken.

Dabei ging es Schröter ursprünglich gar nicht um den Islam: Geschlechterverhältnisse interessierten die junge Frau, ihre Magisterarbeit schrieb sie über Matriarchatstheorien. Schröter stammt aus Nienburg in Niedersachsen, wuchs im rheinhessischen Worms auf und studierte an der Universität Mainz Kulturanthropologie und Soziologie. „Ich habe aus Interesse studiert, äußerst gern", sagt sie. Sie schnupperte in Politikwissenschaften und Pädagogik rein, lernte ein Jahre lang Birmanisch. „Als Teenager war ich mal der Meinung, der Kommunismus sei die Erlösung", erzählt sie lachend.

Sie studierte Ethnologie und forschte über das Matriarchat in Polynesien, heute ist Susanne Schröter die profilierteste Forscherin über radikale Strömungen im Islam.

Nach dem Abitur arbeitete Schröter konsequenterweise ein Jahr lang bei der BASF in Ludwigshafen, um die Arbeiterwelt kennen zu lernen. Während ihres Studiums fuhr sie Taxi, kellnerte, kochte, renovierte Wohnungen – und bekam Kinder. Im Frauen Museum in Wiesbaden fand sie ihren ersten Job nach der Uni, „das passte gut zu meiner Genderorientierung", sagt sie. In die Wissenschaft wollte sie nicht – zu langweilig, dachte sie.

Doch dann motivierte sie ihr damaliger Professor, Schröter promovierte über das Geschlechterverhältnis in polynesischen Mythen und Ritualen, spürte „der Angst der Männer vor den Frauen nach." In Indonesien fand sie ihr

Gebiet für die Feldforschung, eine kleine Insel mit einer als matriarchalisch geltenden Gesellschaft. 14 Monate lebte sie dort, mit ihren Kindern. „Gerade meine Jungs haben sich dort sauwohl gewühlt", erzählt sie. Die Jungs konnten ihrer Energie freien Lauf lassen, klettern, rennen, Feuer machen.

„Da ist mir bewusst geworden, dass wir hier in Deutschland ein echtes Problem haben mit aggressiven jungen Männern", sagt Schröter – eine Ursache, warum junge Muslime radikale Strömungen und den IS mit seinem Glaubenskrieg attraktiv finden. Nebenher stellte sie fest, „dass es mit dem Matriarchat gar nicht so glorios ist", erzählt sie, „das war sehr heilsam – man sieht die Realität jenseits der Theorie."

In Indonesien kam sie auch mit dem Islam in engen Kontakt, „sehr spannend" sei der, sagt sie, „ich finde da viele Sachen sehr attraktiv." Ein „Zuhause" in einer Religion habe sie aber nie gefunden. „Eher in allen", sagte sie, und lacht: „Bei mir ist es eher so, dass ich alle in Teilen für richtig halte."

Zurück in Deutschland wurde sie 2004 auf eine Professur für Südostasienkunde in Passau berufen – und organisierte ausgerechnet dort eine Internationale Konferenz zu islamischem Feminismus. Dann kam der verheerende Tsunami Weihnachten 2014, und Schröter half im indonesischen Banda Aceh beim Wiederaufbau. „Sie nennen dort Banda Aceh auch die Terrasse Mekkas", sagt sie. Schröter kam in Kontakt mit dem radikalen Islam.

2008 kam sie als Ethnologieprofessorin an den Exzellenzcluster „Normative Ordnungen" in Frankfurt, wieder lotete die Professorin Neues aus: Aus der Erforschung von Extremismus und Veränderungen in der islamischen Welt heraus begann sie, den Blick auf Deutschland zu richten. Ethnologie richte eigentlich den Blick in die Welt, „das Eigene zu untersuchen, war nicht gebräuchlich", sagt sie.

Schröter aber fand die Realität vor der eigenen Haustür „super spannend" – und deckte auf, wie sehr konservative und radikale Thesen auch bei Muslimen in Deutschland Anklang finden. „Der Befund ist eindeutig", sagte sie: „Es gibt Abschottung, die Religion nimmt immer stärkeren Einfluss auf die Jugendlichen – und sie spaltet." 2014 gründete sie das Forschungszentrum für Globalen Islam in Frankfurt, das Thema werde ihr wohl „noch eine Weile erhalten bleiben", sagt sie trocken.

Doch sie wolle sich nicht nur mit Extremismus beschäftigen, betont Schröter: Die liberalen Muslime interessieren sie, die neuen Reformideen im Islam. Das Zentrum sei auch dafür da, säkularen Ideen zum Islam eine Plattform zu bieten, sagt sie, „ich möchte diese Leute stärker unterstützen." Denn eine Islamische Renaissance, ein Aufbruch in eine moderne Interpretation dieser Religion, „das muss eigentlich kommen." Und, sagt sie dann noch, „ich fände es sehr schön, dazu einen kleinen Beitrag leisten zu können."

Charlotte Freiberger

Winzerin

*Sie kam aus dem kleinsten deutschen Weinanbaugebiet
und stand am Ende fast ganz oben: Charlotte Freiberger,
Winzerin aus Heppenheim an der Hessischen Bergstraße,
wurde im September 2017 Deutsche Weinprinzessin.
Tradition und Traktor, Smartphone und Krone –
für die junge Winzerin kein Widerspruch. Ein Jahr
danach, im September 2018, steht vor mir eine elegante
junge Frau, die Weinwissen und High Heels
gleichermaßen gekonnt jongliert.*

Charlotte Freiberger
Hessische Bergstraße

Mit High Heels
und *W*einwissen

*E*s ist 22.15 Uhr, als ihre Vorgängerin ihr die Krone ins Haar drückt: Charlotte Freiberger ist gerade zur Deutschen Weinprinzessin gewählt worden.

„Ich bin absolut glücklich", sagt sie strahlend, „es kommen viele tolle Termine auf mich zu!" Die 26 Jahre alte Winzerin mag die Bühne und die Krone – und dabei ist das normal gar nicht ihre Welt: „Ich habe die letzten Tage im Keller gestanden", sagte sie lachend, „wir sind mitten in der Weinlese."

Seit 70 Jahren kürt das Deutsche Weininstitut eine Deutsche Weinkönigin, der zwei Deutsche Weinprinzessinnen zur Seite stehen. Ein Jahr lang ziehen die Weinmajestätinnen dann im Auftrag der deutschen Winzer durch die ganze Welt, absolvieren rund 200 Termine pro Jahr im In- und Ausland. Die erste Weinkönigin 1949 musste gerade einmal einen Spruch aufsagen, einen Walzer tanzen und einen Wein trinken – das reichte.

Die Zeiten haben sich gründlich geändert. 13 Kandidatinnen treten jedes Jahr an, sie alle haben zuvor ein Jahr lang als Weinkönigin eines der dreizehn deutschen Weinanbaugebiete vertreten. Fachkompetenz, Redegewandtheit und Ausdrucksweise sind da gefragt – und vor allem: perfektes Wein-Experten-Wissen.

„Mit mir steht die vierte Winzergeneration in den Startlöchern", erzählt Freiberger, als ich sie kurz vor der Wahl im September 2017 am Telefon erwische. Vor 91 Jahren gründete der Urgroßvater den Familienbetrieb an der Hessischen Bergstraße, die Nachfolge, sie wird einmal Frauensache. „Das Weingut, das wird wohl an mir hängen bleiben", sagt sie, und lacht. Ihren Master of Science machte Freiberger an der Weinbauuniversität in Geisenheim und an der Hochschule für Bodenkultur in Wien, seit einem Jahr arbeitet sie im elterlichen Weingut mit.

Gerade 1,60 Meter groß ist die zierliche junge Frau mit den blonden Haaren, Landwirtschaft, Weinbau – das sind handfeste Berufe, wo durchaus auch Muskelkraft gefragt ist. Freiberger zuckt die Achseln. „Ich bin stärker, als ich aussehe", sagt sie gelassen, „ich mache hier auf dem Weingut alles genauso, was die Männer auch machen." Mit anpacken, das sei wichtig in einem Betrieb, „darüber kann man sich auch Respekt erarbeiten, auch bei Älteren."

Es ist Frauenzeit im deutschen Weinbau, seit einigen Jahren sind speziell junge Winzerinnen stark auf dem Vormarsch. Ein Mädchen auf der Weinbau-Uni, eine Betriebsnachfolgerin gar – vor 20 Jahren noch war das die absolute Ausnahme. Im traditionell geprägten Weinbau durften viele Töchter nicht, was für die Söhne selbstverständlich war: Winzerin werden, ein

Ihre Welt ist der Weinkeller, trotzdem tourte sie ein Jahr lang mit Krone und High Heels durch die Welt: Charlotte Freiberger ist Winzerin. Und Deutsche Weinprinzessin 2017/2018.

Weingut übernehmen. Heute mischen junge Winzerinnen die Szene mit frischen Ideen auf, und bewegen sich natürlich auch in Keller und Weinberg, gerne mit dem Traktor.

„Ich stehen mit meinem Vater im Keller", sagt Freiberger, „wir treffen die Entscheidungen gemeinsam." 16 Hektar groß ist das Weingut in Heppenheim, „wir sind der größte privatvermarktende Betrieb an der Bergstraße", erklärt sie. In Neuseeland stand Freiberger während ihres Praktikums im Rotweinkeller, dort verarbeiteten sie zur Erntezeit mal eben 10 000 Tonnen Wein. „Andere Dimensionen", sagt Freiberger und schwärmt von den fruchtigen und frischen Rotweinen dort unten. Die Umsetzung neuer Ideen habe aber Zeit, findet sie: „Unser Weingut hat Erfolg, da wäre es ja blödsinnig, alles von heute auf morgen anders zu machen."

„Tradition ist Bewahrung des Feuers und nicht Anbetung der Asche", steht als Leitsatz auf der Homepage des Weinguts, Freiberger hat ihn selbst ausgesucht. Die Tradition spiele im Weinbau schon eine sehr große Rolle, erzählt sie, Holzfasslagerung, Herstellungsmethoden, „vieles ist ja sehr alt." Das Alte erhalten, aber dabei nicht stehen bleiben, sei wichtig. „Grenzenlos" heißt der Riesling, den sie gemeinsam mit ihrem Freund produziert, ein Wein mit Trauben von der Hessischen Bergstraße und aus der Pfalz, der Heimat des Freundes.

Der Ausspruch zur Tradition stammt vom Komponisten Gustav Mahler, Freiberger spielt Geige seit sie sechs Jahre alt ist. Fünf Jahre lang musizierte sie im Landesjugendorchester von Hessen. „Das war eine besondere Ehre und hat enorm Spaß gemacht", sagt sie. 2016 wurde sie dann Weinkönigin der Hessischen Bergstraße, ein Amt mit Ehre und Tradition.

„Es ist ein tolles Jahr, in dem man viel rumkommt", schwärmt Freiberger, es gehe ja darum, eine Botschaft zu übermitteln, Menschen für eine Region und ihre Weine zu begeistern. Die alten Zeichen des Amtes waren Dirndl und Römerglas, „die Zeiten sind vorbei", sagt Freiberger fest, „es wird Fachwissen gefragt und gefordert." Weinbaumethoden erklären können, den Ausbau im Keller, gleichzeitig mit Souveränität und Charme punkten und immer, immer den Wein in den Vordergrund stellen – die Anforderungen an eine Deutsche Weinkönigin sind hoch. Am Ende wird Charlotte Deutsche Weinprinzessin 2017/2018.

Ein Jahr später steht sie erneut im Saalbau in Neustadt, nun kämpfen ihre Nachfolgerinnen um die Kronen der Weinwirtschaft. Und aus der jungen Winzerin ist eine gestandene Weinfachfrau mit perfektem Auftreten und gelassenem Charme geworden. „Es war eine unvergessliche, wundervolle Zeit", schwärmt Freiberger. Ja, viele dächten erst einmal, „die Kleine da mit ihren High Heels", erzählt sie mit einem feinen Lächeln, „aber man kann sie doch schnell überzeugen. Die Person prägt das Amt." Sie selbst sei auch gewachsen, habe in dem Jahr „so viel dazu gelernt wie noch nie zuvor."

Weinkönigin, dieses traditionellste aller Wein-Ehrenämter – würde sie es einer jungen Frau empfehlen? „Unbedingt", sagt Freiberger, „die Chance auf dieses tolle Jahr hat man nur einmal im Leben."

Ivana Seger

Altenpflegerin
Therapeutin

Ihr Job ist es, Wunder zu verbreiten:
Ivana Seger und ihr Therapiehund Emma
spenden todkranken Menschen Freude
und Entspannung, oft in den letzten Stunden
ihres Lebens – so etwa im Hospiz „Lebensbrücke"
in Flörsheim. Wenn Emma den Raum betritt,
verändert sich die Welt – im Oktober 2018
durfte ich den Emma-Effekt miterleben.

... und
das *W*under beginnt

*D*ie schwer kranke Frau zittert am ganzen Körper, von beiden Seiten muss sie gehalten werden. Erst gestern ist sie in das Hospiz „Lebensbrücke" eingezogen, hierher kommen Menschen, die nur noch Wochen zu leben haben. Ganz vorsichtig und langsam betritt Emma den Raum, die sanfte Labradorhündin legt sich ganz ruhig auf den Boden – und das Wunder beginnt: Binnen Minuten entspannt sich die Atmosphäre im Raum.

Die Gespräche drehen sich auf einmal um Hunde, Lebenserinnerungen, Urlaubsmomente. Es wird gelacht in diesem Haus des Sterbens. Nur Minuten später haben sich Körper und Gesicht der kranken Frau völlig entspannt, mit einem sanften Lächeln schaut sie auf die Hündin, kann nun alleine sitzen. „Ich bin total überrascht", staunt der Ehemann, „sie hat völlig aufgehört zu zittern." Ivana Seger lächelt fein: „Das ist der Emma-Effekt", sagt sie.

Seit neun Jahren hilft Ivana Seger schwer kranken Menschen mit ihrer Therapiehündin Emma, sechs verschiedene Einrichtungen betreut die Flörsheimerin im ganzen Rhein-Main-Gebiet. „Wir können ablenken, trösten, Freude schenken und die Menschen ein wenig vergessen lassen, wo sie sind", sagt Seger, und immer passiere das gleiche: Der Hund verändere die Atmosphäre, entspanne die Menschen.

„Ich wusste schon vor 25 Jahren, dass ich eine Emma will", sagt Seger lachend, als wir sie in ihrem Haus in Flörsheim treffen, einem schmucklosen Haus am Rande des Industriegebiets, direkt am Mainufer mit seinen ausgedehnten Wiesen. Das sei einfach wichtig, erzählt Seger, ihre Hundes bräuchten ausgedehnte Spaziergänge für den Ausgleich.

Es war vor 16 Jahren, als Seger ihren Wow-Moment hatte, wie sie es nennt: Die ausgebildete Altenpflegerin arbeitete damals in einer Psychiatrie mit depressiven Menschen. „Ich war sehr schockiert, welchen Leidensdruck diese Menschen haben", erzählt Seger, „an viele Patienten kam ich überhaupt nicht dran." Neben dem Schwesternzimmer war eine Sitzgruppe, stets saßen hier fünf Patienten, meist wortlos, versunken.

Ivana Seger war Fitnesstrainerin und Altenpflegerin. Mit ihrer Therapiehündin Emma spendet sie heute todkranken Menschen Trost – und strahlt selbst vor Lebensfreude.

Eines Tages aber kam ungewöhnlich viel Bewegung in die Gruppe, „alle standen auf, liefen weg", berichtet Seger. Ein Hund war zu Besuch gekommen, ein Golden Retriever. „Dieser Hund schaffte binnen zehn Sekunden etwas, was wir in Tagen, Stunden, Wochen nicht geschafft hatten: die Patienten lachten, suchten das Gespräch, sprachen endlich über andere Dinge als ihre Krankheit", sagt Seger: „Das war mein Aha-Moment."

16 Jahre lang ging sie mit der Idee eines Therapiehundes schwanger, Seger arbeitete inzwischen mit Erfolg als Aerobic-Trainerin. Richtig glücklich war sie damit nicht: „Es fehlte das Soziale", erzählt die 49-Jährige, „die Sport-

branche ist schon sehr oberflächlich." Das Schicksal nahm die Sache schließlich in die Hand: Im Urlaub mit ihrem Mann lernte Seger ein Pärchen kennen, die neue Freundin fragte: „Kannst du dir vorstellen, im Hospiz zu arbeiten?"

Nein, sagte Seger instinktiv, ein Haus des Sterbens? Doch dann seien die Worte gefallen „würdevoll, selbstbestimmt, keine Regeln", „das hat mein Herz berührt", sagt Seger. Zurück in Flörsheim bewarb sie sich, bei der Vorstellung im Hospiz in Smitten habe sie sofort gewusst: „Ich bin angekommen" – und stellte doch eine Bedingung: „Ich komme mit Hund." Das Hospiz sagte Ja, gleichzeitig bekam die Hündin einer Freundin Welpen.

„Ich bin mit Hunden aufgewachsen, meine Eltern züchteten Schäferhunde", erzählt Seger: „Wir hatten immer Welpen, deshalb kann ich die perfekt lesen." Nach sechs Wochen Beobachtung und Tests hatte sie ihre Emma gefunden, mit neun Monaten begann das Training: Gezielt gewöhnte sie die Hündin an Geräusche und Menschen – und nahm sie mit ins Hospiz. Labradore seien für die Therapie perfekt, weil sie ausgeglichen seien, Menschen liebten und unheimlich gerne gestreichelt würden.

„Da war eine Frau, die hatte den leeren Blick meiner Oma", erzählt Seger, „der Hund, dieses kleine Knäuel, veränderte alles: Körperspannung, Mimik, Blick, die Frau blühte völlig auf." Es war die erste Patientin, die mit Emma im Arm verstarb, 40 weitere sind bisher diesen Weg ebenfalls gegangen. „Es gibt die präfinale Unruhe, der Körper schüttet dann so viel Adrenalin aus, dass die Menschen einfach nicht gehen können", sagt Seger, die zusätzlich eine Ausbildung als Palliativschwester machte.

Der warme Körper des Hundes, das Fell, die Berührung, all das entspanne den Todkranken, auf einmal könne der Mensch loslassen. „Er stirbt in Ruhe und Harmonie", sagt Seger, „mit Emma baue ich quasi eine Brücke."

Inzwischen hat Emma, die schon neun Jahre alt ist, Unterstützung: Sissi ist zweieinhalb Jahre jung, hat gerade ihre Ausbildung zur Therapiehündin abgeschlossen – mit Bravour. Frauchen Ivana Seger hat inzwischen den Verein „Tröstende Pfoten" für ausgebildete Therapieteams mit Begleithunden gegründet, und über ihre Homepage *emmahilft.de* kann man sie buchen. Die Nachfrage sei riesig, sagt Seger, auch Fernsehsender wie RTL waren schon da, bei „Hallo Hessen" war sie schon zu Gast – auch, um für ihre Arbeit zu werben: Die Krankenkassen, sagt Seger noch, bezahlten ihre Dienste nämlich nicht, von ihrer Arbeit leben kann sie nicht: „Ich könnte nicht einmal meine Stromrechnung davon bezahlen." Aufhören kommt aber nicht in Frage: „Die Emma", sagt sie noch, „ist ein Geschenk."

Astrid Michel

Wirtin

Weinhaus Michel

*Das Weinhaus Michel ist eine der renommiertesten
Weinstuben in Mainz, ein veritables Wein-Restaurant,
das nur Weine des eigenen Weinguts vermarktet.
Konzerte und Lesungen gibt es hier auch – Chefin von all
dem ist Astrid Michel. Die wollte eigentlich mal Floristin
werden. Oder Grafikerin. – Ein Besuch im November 2017
in der Mainzer Altstadt.*

Frauen sind
als *G*äste komplizierter

*I*rgendetwas Abgefahrenes" wollte Astrid Michel als junge Frau eigentlich machen, etwas mit Blumen, mit Inneneinrichtung. Gastronomie? „Davon hatte ich keine Ahnung", sagt die 48-Jährige, und muss lachen. Kein Wunder: Heute leitet Astrid Michel gemeinsam mit ihrem Mann Stefan eine der bekanntesten Weinstuben in Mainz, das Weinhaus Michel, dazu ein Weingut in Weinolsheim – und schmeißt die Familie mit vier Söhnen. Und dann sind da ja noch der Schnudedunker und die Amorettsche, der Altstadtadel und der Owwermaschores, Michels Weinpersönlichkeiten.

Vor 25 Jahren hatte Astrid Michel mit dem Meenzerischen noch überhaupt nichts am Hut. „Ich bin hier ausgesetzt worden und war geschockt vom Dialekt", sagt die dynamische Wirtin – geboren und aufgewachsen ist sie nämlich in Bonn. Grafikdesign wollte sie eigentlich studieren, doch nur am Bildschirm sitzen, das war nichts. Michel lernte Floristin, nach Mainz kam sie, weil hier einer der Stars der Floristen-Szene saß, Michael Reuschenbach. Eine kleine Wohnung bezog sie im hessischen Mainz-Kostheim.

Sie war kaum einen Monat in Mainz, da lernte sie schon ihren späteren Mann kennen: „Stefan kam immer zum Blumenkaufen in den Laden", erinnert sie sich, der 1,98 Meter große Mann tat es ihr an – und entführte sie in eine völlig fremde Welt. Winzer waren die Michels von alters her, seit 1756 gibt es das Familienweingut im rheinhessischen Weinolsheim, 26 Kilometer entfernt von Mainz.

„Mein Schwiegervater hatte den Gedanken, sich nach Absatz in der Stadt umzusehen", erzählt Astrid Michel, „damals wurde er belächelt, das war ungewöhnlich für die Zeit." Der Schwiegervater kaufte ein Haus in der Mainzer Altstadt und baute es zur Weinstube um, rustikal, wie es damals Mode war. 1978 war das, fünf Jahre später übernahm Sohn Stefan, inzwischen gelernter Hotelfachmann, die Weinstube.

Vier Söhne, ein Mann, ein Wirtshaus, ein Weingut – Astrid Michel kam als Floristin nach Mainz, dann schlug die Liebe zu. Heute leitet sie das Weinhaus Michel in Mainz.

1995 heirateten Astrid und Stefan Michel, und mit der jungen Rheinländerin kam frischer Wind ins Haus. „Damals gab's noch die Plastikreben und Trockenblumen in den Fenstern", erinnert sich Astrid Michel, „für mich als Floristin war das hart." Vorsichtig begann sie, den Betrieb umzukrempeln. In Koblenz machte sie ihren Food & Beverages Manager, ein Ausbilder bemerkte ihre feine Nase: „Sie müssen Sommelier werden", sagte er.

„Man braucht eigentlich drei Jahre Erfahrung in der Spitzengastronomie", sagt Astrid Michel lachend, die hatte sie ebenso wenig einen Weinkeller mit 1500 verschiedenen Positionen wie die anderen Kollegen. „Ich saß da als kleines, verschrecktes Küken", erinnert sich Michel.

Die große Welt der Wein-Gerüche, der Kombination aus Essen und Wein, das faszinierte sie. „Ein Gericht, 40 Weine offen – das war geil“, sagt sie.

Binnen eines Jahres machte sie ihren Wein-Sommelier, moderiert heute Weinproben und Wein-Diner, berät die Gäste in der Weinstube. „Frauen sind als Gäste komplizierter“, sagt sie schmunzelnd. Die verschiedenen Persönlichkeiten, die Mischung zwischen Alt und Jung, dazu die Vielfalt der rheinhessischen Weinsorten brachten sie auf eine Idee: „Ich habe mir die Weine angesehen und überlegt, was wäre die Rebsorte für ein Mensch, und was für ein Rhoihesse.“

Mittlerweile nämlich hatte sie sich mit dem Winzer auch in den rheinhessischen Dialekt verliebt. Vor acht Jahren entstanden so das flirtende „Amorettsche“ (ein Portugieser Weißherbst), der Schnudedunker (Weißweincuvee), der dem Wein so gerne zuspricht, und der „Owwermaschores“, der Drummermajor, der gerne als Angeber daher kommt – ein Riesling.

16 Weinpersönlichkeiten kreierte Astrid Michel, jede hat ihre eigene Zeichnung und natürlich Weinetikett – damals eine echte Revolution. „Wir waren da schon Vorreiter“, sagt sie. Der Job wurde immer größer, das Weingut in Weinolsheim kam hinzu, vier Kinder stellten sich ein, alles Söhne. Der Älteste ist heute 19 Jahre, der jüngste gerade acht Jahre alt. „Das mit dem vielen Testosteron war so nicht geplant“, sagt Michel.

Auch in der Küche des Weinhauses arbeiten nur Männer, 25 Mitarbeiter haben sie heute. Aus der verträumten Weinstube ist längst ein boomendes Restaurant geworden mit anspruchsvoller Rheinhessenküche. „Weinstube ist heute total Trend, gerade auch bei Jungen", sagt Michel. Sieben-Tage-Woche, dazu die Familie, „das ist schon die Quadratur des Kreises", sagt sie nachdenklich.

Seit einigen Jahren wohnt die Familie oben im Haus über der Weinstube, das hilft. „Im Grunde konnte ich das mit der Familie toll verbinden", sagt Michel, „Kinder kriegen, Arbeiten, ich konnte alles gleichzeitig." Seit sie vor zehn Jahren auch noch den Keller umbauten, gibt es nun auch noch Lesungen und Konzerte, Partys und Weinproben im „Keller für Kenner". Michel macht dazu die Grafik für die Broschüren selbst und arrangiert natürlich die Blumengestecke und die Deko. „Ich kann hier heute alles umsetzen, was ich immer schon machen wollte", sagt sie glücklich: „Mainz ist heute die Stadt, wo der Wein fließt."

Sarah Knaust

Landwirtin

Weinköniginnen kennt man ja, aber was macht
eigentlich eine Milchkönigin? Sarah Knaust
war von 2016 bis 2018 die 10. hessische Milchkönigin,
auf Fotos posiert sie ganz traditionell mit Dirndl
und Krone. Im November 2017 habe ich die studierte
Agrarwissenschaftlerin in Sulzbach im Taunus
getroffen – standesgemäß: im Kuhstall.

Die
mit den *K*ühen tanzt

*D*as Dirndl habe ich auch dabei", sagt Sarah Knaust, und greift zu Krone und Schärpe. Ein Dirndl im Kuhstall? Sarah zuckt mit den Achseln. „Das gehört zum Amt nun mal dazu", sagt sie. Dabei hat die junge Frau so gar nichts von einem feschen bayrischen Madl, im Gegenteil. Sarah Knaust ist studierte Agrarwissenschaftlerin, arbeitet Vollzeit in der Zucht- und Besamungsunion Hessen. Sie gehe gerne in die Disco, gesteht die 24-Jährige, liebt ihr Pferd, eine neunjährige Hannoveranerstute. Und Sarah ist die 10. Hessische Milchkönigin.

Wir stehen in einem Kuhstall eines befreundeten Landwirts in Sulzbach im Taunus, das hier sei einer von nur noch zwei Milchviehbetrieben im Taunus, sagt Sarah. Binnen Minuten stecken wir tief in einer Diskussion über zeitgemäße Landwirtschaft, Ernährung und die Wertschätzung von Lebensmitteln. „Wir entfernen uns immer mehr von der Landwirtschaft, aber die ist so grundlegend", sagt Sarah, „ohne Lebensmittel könnten wir nicht leben." Und die Milch komme nun einmal „nicht aus dem Tetrapak", sagt sie entschieden, und schießt eine Frage ab: „Wir viele Zitzen hat eine Kuh?" Die Autorin muss zu ihrer Schande passen.

„Weiß keiner", sagt Sarah, dabei liefere die Kuh eines

unserer wertvollsten Lebensmittel. Milch, Joghurt, Sahne, die verschiedensten Käsearten, „Milch ist ein super vielfältiges Produkt", schwärmt Sarah, doch wie es produziert werde? „Man saust in den Lebensmittelhandel, kurz bevor er Schluss macht", sagt Sarah, „viele achten dann nicht mehr drauf, was sie einkaufen." Werbung machen wolle sie, ja, aber neben der Milch auch für den Job des Landwirts. „Wir leben zusammen mit wunderbaren Tieren", sagt Sarah, „ich möchte, dass unser Arbeit wieder Wert geschätzt wird."

Dirndl und Krone, Heugabel und Kuhduft, Sarah Knaust ist Milchbäuerin und studierte Agrarwissenschaftlerin. Und die 10. Hessische Milchkönigin.

Sarah Knaust ist aufgewachsen im nordhessischen Gudensberg im Schwalm-Eder-Kreis, ihre Eltern haben in vierter Generation einen Hof mit 180 Milchkühen, 500 Tieren insgesamt, die Kälber mitgerechnet. „Wir sind keine Massentierhalter", betont Sarah entschieden, „ich kenne alle meine 180 Kühe, und die haben auch alle Namen." Viel wichtiger aber sei die Persönlichkeit der Tiere: schreckhaft oder mutig, gelassen, schmusebedürftig oder grantig. „Ich muss alle diese Eigenarten kennen", sagt Sarah.

Von klein auf half sie auf dem Hof mit, beim Kälber tränken, beim Misten. „Ich hasse Hof kehren", sagt sie mit Inbrunst, „aber es gehört eben dazu." Nein, gemusst habe sie nie so richtig, sie habe eine richtig schöne Kindheit gehabt, sagt sie, Freiheiten inklusive. „Aber wenn man abends ins Kino geht, weiß man einfach: Für die anderen auf dem Hof bedeutet das mehr Arbeit", sagt Sarah. Wenn andere ins Ausland in Urlaub fuhren, blieb die Familie daheim. Die Arbeit mit den Tieren, „365 Tage im Jahr beansprucht uns das", sagt Sarah, „im Sommer auch mal zwölf bis 15 Stunden am Tag."

Nach dem Abitur stellte sie sich selbst die Frage: Was willst Du mal machen, Dein Leben lang? Die Antwort kam schnell: Krankenschwester oder Landwirtschaft – Sarah machte ihren Bachelor in Agrarwissenschaften in Göttingen. „Viele wissen gar nicht, dass man das studieren kann", sagt sie, dabei sei Landwirtschaft in Göttingen einer der ältesten Studienzweige überhaupt, schon seit 1867.

Seit zwei Jahren arbeitet sie nun als Exportsachbearbeiterin bei der Besamungsunion in Alsfeld, ist zuständig für den Export von Tieren und auch von Bullen-Sperma in alle Welt. Türkei, Russland, Mongolei, Libyen, Syrien, Eritrea – alle Welt schätzt deutsche Milchkühe.

Ja, sagt Sarah, den elterlichen Hof hätte sie schon auch gerne übernommen, doch das sei ein Fall für ihren älteren Bruder – und das habe nichts mit Mann-Frau zu tun. Einen Hof zu leiten, „für mich bedeutet das Freiheit", sagt sie ganz ernsthaft: „Zwischen dem Melken kann ich den Tag gestalten, wie ich es möchte, es ist absolut jeden Tag was Neues. Jeder Tag ist neu und bunt."

Von 2016 bis 2018 war Sarah Knaust Hessische Milchkönigin, 70 bis 80 Termine hat sie im Jahr. Vor einer Jury musste Sarah Fachwissen und Auftreten beweisen – und wurde prompt genommen. Ich habe die Vorstellung ein bisschen anders gestaltet", sagt sie, „nicht die üblichen Sätze verwendet, wie ich heiße und was ich mache. Ich hab das ein bisschen abgewandelt – und das kam gut an." Nein,

Freizeit habe sie keine mehr, aber das mache gar nichts, findet Sarah: „Mir ist wichtig, dass ich ein positives Bild der Landwirtschaft schenken kann." Souveräner sei sie in den zwei Jahren ihrer Amtszeit geworden, selbstsicherer.

Und sie verteidigt leidenschaftlich die Milchbauern. Antibiotika in der Milch? „Wir sind Menschen, da passieren Fehler", sagt sie. Gerade die jungen Milchbauern seien offen für Kritik, „wir sind am Umdenken, entwickeln Konzepte" betont sie, „aber man muss uns auch die Zeit dafür geben." Im Stall nebenan haben die Kühe Raum zum Liegen und Herumgehen, es riecht frisch nach Stroh.

Sarah beugt sich zu einem Kälbchen hinunter, zaust ihm das Fell. „Wir Junge wollen wahrgenommen werden, wir wollen was verändern", sagt sie, „deshalb bin ich Milchkönigin geworden – weil ich was verändern will." In Jeans und mit Krone auf dem Kopf steht sie da, das Dirndl ist im Auto geblieben. „Mein Amt ist zehn Jahre alt", sagt Sarah zum Abschied noch, „das müsste auch mal reformiert werden."

Woody Feldmann

Comedian

*Sie ist eine Comedian durch und durch. Sie moderiert
Fastnachtssitzungen, Comedyevents und serviert auch mal
Obdachlosen Essen – Woody Feldmann ist eine Naturgewalt.
Am Rande von Riedstadt hat sie ein eigenes Bühnentheater,
im November 2017 habe ich dort die kleine Powerfrau mit der
großen Schnauze besucht.*

Schee, dass es Dich gibt: Der Satz verändert so viel!

Bürstenhaarschnitt, fester Händedruck, Männerhose – nein, Woody Feldmann kommt nicht wie eine Elfe daher. „Guude", grüßt die gerade 1,58 Meter kleine Frau, bittet ins Haus, und plötzlich wirkt der Raum irgendwie kleiner. Feldmanns Präsenz und Ausstrahlung sind einfach enorm. Wir treffen uns in Woodys „Wohnzimmer", ihrem eigenen Bühnentheater in einer unscheinbaren Halle am Rande von Riedstadt. „Wir sind bis 2019 ausverkauft", sagt Feldmann stolz.

Standup-Comedy ist die offizielle Bezeichnung dessen, was Woody Feldmann macht, man könnte in ihrer Sprache auch sagen: Hinstelle, schwätze. „Meine Schlagfertigkeit ist fast unschlagbar", sagt Feldmann. In der Tat: Ihr Mundwerk ist legendär, ihr Improvisationstalent auch. Wohl keiner schafft es so spontan, Ereignisse, Personen, Blödsinn einzubinden und daraus eine große Comedy-Nummer zu machen.

Sommernächte auf der Friedberger Warte, Schlossgrabenfest, Rosa Wölkcher-Sitzung – seit Jahren ist Woody Feldmann im ganzen Rhein-Mainz-Gebiet eine feste Comedy-Größe. Sie moderiert Fastnachtssitzungen wie die Woigeister in Mainz-Kostheim, serviert Obdachlosen Essen beim traditionellen Weihnachtsdiner und moderiert den Frankfurter Hate Slam – und immer sind ihre Auftritte ein Highlight.

Dabei redet sie über Banales, Alltägliches. „Meine Texte schreib ich im Kopf", sagt Feldmann, „ich schnapp' halt gern Sachen auf, da wär's ja schad, wenn ich ein festes Programm hätt'." Mit acht Jahren schrieb sie ihre erste Büttenrede, die Fastnacht war ihr Zuhause, beruflich machte sie eine kaufmännische Lehre. Der Job war ihr nicht kreativ genug, also lernte sie noch Fotografin, verkaufte Luftaufnahmen.

„Ich wurde in einer Kneipe beim Witze erzählen entdeckt", sagt Feldmann, „ich hab' mich tierisch aufgeregt über meine Autoversicherung, da war ich gerade 20." Peter Wunderlich, damals Regisseur am Staatstheater Darmstadt erlebte den „Auftritt" und war fasziniert. „Der hat eine Woche lang nicht gewusst, dass ich eine Frau bin", sagt Feldmann.

Ihre Schlagfertigkeit ist legendär, Woody Feldmann ist eine echte Naturgewalt. Die kleine Comedian mit dem männlichen Auftreten durchbricht alle Mann-Frau-Schranken.

Tatsächlich ist Woody Feldmann eine Frau, geboren vor 47 Jahren in Griesheim. „Eine Hausgeburt", sagt sie trocken, „wahrscheinlich war es meinen Eltern zu gefährlich, mit mir in eine Klinik zu gehen." Ja, einen zweiten Vornamen habe sie auch noch, der Geschlechter-Erkennung wegen, aber Woody, so riefen sie auch ihre Eltern, betont sie. „Bei mir war es immer schon schwierig, ob Mann oder Frau", sagt sie ganz gelassen, „ich habe männliche Attribute." Dass sie Frauen liebt, wusste sie früh, „das Normale war nichts für mich."

Wunderlich nahm sie mit in die Welt der Oper. „Ich hab' ein Jahr lang in Braunschweig den Toulouse Lautrec gesungen, richtig als Tenor", erzählt sie – und schmettert mal eben so eine Arie in den Raum. Dabei kann sie nicht einmal Noten lesen, hat nie Gesang studiert – Lieder lernt sie nach Gehör. „Die fanden keinen Tenor, der bereit war, vier Akte auf den Knien zu gehen", sagt Feldmann, „da kam Feldmann ins Spiel." Als herauskam, dass sie gar kein Opernsänger war und zudem eine Frau, gab es einen Skandal – Feldmann sagte der Opernbühne adé und machte sich als Künstlerin selbstständig.

In Discos trat sie auf, moderierte Single-Abende, Privatparties. Vor etwa neun Jahren traf sie ihren heutigen Manager Thomas Neumann, zwischen dem Musiker und der Comedian stimmte die Chemie auf Anhieb. „Seitdem geht es ab, bin ich nur noch unterwegs", sagt Feldmann, das Theater in Riedstadt bauten sie gemeinsam. „Wir gehen von hier live ins Internet, haben einen eigenen Youtube-Kanal – freier sein als ich hier, das geht gar nicht", sagt Feldmann.

Vielen bekannten Comedians gehe es schlicht ums Geld, „das interessiert mich eigentlich gar nicht", sagt Feldmann, lieber sitze sie mit dem Knäckebrot und einem Äppelwoi am Rhein. „Dass die Leute einfach mal zwei Stunden nicht denken, das ist mein Ziel", sagt sie, „Leute, die lachen und das Paket vergessen, das wir alle zu tragen haben." Humor gebe Kraft, sagt sie, das Foto ihrer Eltern, beide schon gestorben, steht auf dem Garderobentisch. „Schee, dass es Dich gibt", ist einer ihrer Lieblingssätze, „der wird viel zu selten gesagt, aber der verändert so viel."

Und dann schmeißt sie sich für den Abend in ihren schwarzen Bühnenfrack mit weißer Fliege für die nächste Mission Freundschaft und Lachen. Warum trägt sie schwarz? „Ich bin doch bunt genug", sagt Woody Feldmann, „ich bin ein bunter Vogel."

Schwester Philippa Rath

Benediktinerin

*Emanzipierte Frauen und Klosterleben – das schließt sich aus?
Keineswegs: Schwester Philippa Rath war Journalistin,
bis eine Radtour sie in die Benediktinerinnenabtei
Sankt Hildegard führte. Mit 33 Jahren wurde sie Nonne,
eine Sackgasse sei das nie gewesen. Ein Gespräch
über Talentschuppen, Pferdewirte und das pralle Leben
hinter Klostermauern im Dezember 2017 auf den Hügeln
über Rüdesheim.*

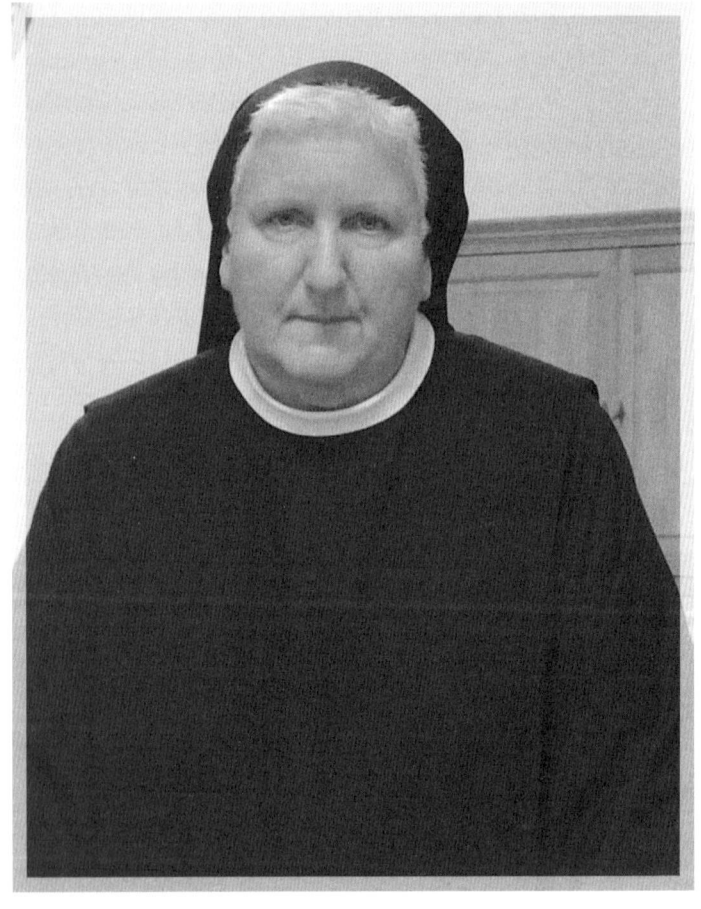

Gott, die Medien und die Hildegard haben mich geholt

*D*iese Schwester war einmal selbst Journalistin. „Ich war beim Deutschlandfunk, habe im Studium beim Bonner General-Anzeiger gejobbt", erzählt Schwester Philippa Rath, und die Augen der Nonne strahlen, „ich wollte immer Journalistin werden." Beim Bundespresseamt verdiente sich die junge Frau damals Geld fürs Studium, führte als Hostess Besuchergruppen durch den Deutschen Bundestag. „Das war mein Traumjob: Menschen ansprechen", sagt Schwester Philippa: „Ich habe ja gedacht, als ich ins Kloster eintrat, da hast du nie mehr etwas mit Presse und Menschenaufläufen zu tun."

Ruhig ist es in der Benediktinerinnenabtei Sankt Hildegard in Rüdesheim an diesem Tag. Still liegen die Flure des Klosters, zu dieser Nachmittagszeit ist niemand in dem hellen Kreuzgang, der sich um die Gärten herum windet. Kontemplation, Einkehr, das suchen die meisten Menschen, die hierher kommen – Klöster sind „in", der Rückzug in die selten gewordene Stille wird immer häufiger begehrt.

„Wir haben 100 000 Besucher im Jahr, eine Herausforderung", sagt Schwester Philippa mit einem Seufzen, „wir werden ja alle nicht jünger und auch nicht wesentlich mehr." Seit 22 Jahren ist die 62-Jährige für „all' die Dinge mit Außenkontakt zuständig": die Presse, die Homepage, alles was an Flyern und Broschüren produziert wird, den Kunstkeller, die Klosterstiftung, den Freundeskreis, den sie selbst vor 16 Jahren mit gründete. „Pralles Leben und Glauben miteinander verbinden, das kann ich hier", sagt sie, „und das nicht nur sonntags zwischen zehn und elf Uhr."

Pralles Leben – das ist nicht unbedingt das, was man in einem Kloster zu finden erwartet. 45 Schwestern leben in dem Benediktinerinnenkonvent oberhalb von Rüdesheim, fünf Mal am Tag ist Gebetszeit. „Wir haben eine bunte Mischung von Schwestern zwischen 34 und 95 Jahren", sagt Schwester Philippa. Hier gebe es alles: Restaurationswerkstatt, Klosterweingut und Bibliothek ebenso wie ein Gästehaus, einen Klosterladen, ein Café, die Verwaltung.

Schwester Philippa Rath war eigentlich Journalistin, 1990 trat sie ins Benediktinerinnenkloster St. Hildegard in Rüdesheim ein – und fand das pralle Leben.

„Ein Kloster ist wie ein Talentschuppen, das hätte ich nie erwartet", sagt Schwester Philippa, „es ist ein unheimlich reiches und spannendes Leben."

Und dabei wollte die aus Ratingen bei Düsseldorf gebürtige Rheinländerin als Kind immer einen westfälischen Bauern mit Pferdehof heiraten und fünf Kinder haben, erzählt sie schmunzelnd. Partner hatte die junge Frau, die damals Mechtild hieß schon, doch der Pferdewirt war nie dabei. In Bonn studierte sie Politikwissenschaft, Geschichte und Theologie, neun Jahre lang arbeitete sie danach als Journalistin, lange Zeit beim Herder Verlag in Freiburg.

Als Studentin machte sie auf einer Radtour mit Freunden im Rüdesheimer Kloster Station. „Das war eine fremde Welt, aber ich war fasziniert von dieser Art völlig anderem Leben", erzählt Schwester Philippa. In Freiburg kam sie durch die Arbeit erneut in Kontakt mit dem Klosterleben, wieder war sie fasziniert. Auf der Party zu ihrem 33. Geburtstag sagte ihr ein Gast: „Mit 33 Jahren muss man wissen, wo man hingehört."

„Das hat bei mir eingeschlagen, wie eine Bombe", erzählt Schwester Philippa. Am 3. Adventssonntag des Jahres 1989 fuhr sie nach Rüdesheim, als die Äbtissin zur Tür hereinkam, fragte die nur: „Wann wollen Sie eintreten? Sie können am 17. Februar kommen." Rath war verblüfft, „sie wusste es, bevor ich es wusste", sagt sie: „Der Herrgott lässt einen eben nicht von der Angel." Die junge Frau kündigte ihren Job, die Kollegen schlossen Wetten ab, wann sie zurückkommen würde. „Ich habe es keinen Moment bereut", sagt Schwester Philippa, „ich habe nie gedacht, der Herrgott hat dich in eine Sackgasse geführt."

1995 legte sie ihre ewigen Gelübde ab, 1998 gestaltete sie das große Jubiläumsjahr zum 900. Todestag der Hildegard mit, organisierte später die zehnbändige deutsche Übersetzung der Schriften Hildegards. „Die komplette textkritische Edition war die Initialzündung für die Heiligsprechung 2012", sagt Schwester Philippa. Vom Rüdesheimer Kloster aus beantragten sie die Heiligsprechung, 39 Generationen nach ihrer großen Gründeräbtissin. „Sie war eine emanzipierte Frau, aber das waren Klosterfrauen im Mittelalter überhaupt", sagt Schwester Philippa.

Selbstbewusste Frauen und Kloster – auch im 21. Jahrhundert schließt sich das keineswegs aus. „Ich bin schon ein Machertyp, aber unsere Fähigkeiten sind uns ja nicht für unser Ego gegeben, sondern um für andere zu wirken", sagt Schwester Philippa, „Gott, die Medien und die Hildegard, die haben mich hierher geholt."

Margit Sponheimer

Schauspielerin
und Sängerin

*Sie ist die Grande Dame der Mainzer Fastnacht,
berühmt wurde sie mit Liedern wie „Am Rosenmontag
bin ich geboren": Margit Sponheimer. Am 7. Februar 2018
wurde sie 75 Jahre alt, und was die wenigsten wissen:
die Emanzipation von Frauen ist dem „Margittche"
ein wichtiges Anliegen. Die gebürtige Frankfurterin
war die erste Frau, die Fastnachtslieder sang.*

Ich habe die Tür aufgemacht in dieser *M*ännerdomäne

*E*in Promi?", sagt Margit Sponheimer, „nein, das bin ich net." Moment mal: „Das Margittche", die Frau mit der goldenen Kehle, die Fastnachtssängerin, deren Hits noch heute in aller Munde sind – Margit Sponheimer, kein Promi? „Meine Mutter hat den schönen Satz geprägt: heute Star, morgen Schnuppe", sagt die Sponheimer nur ganz gelassen. Der Satz fiel, als sie gerade mit ihrem ersten großen Hit nach Hause kam: „Gell, Du hast mich gelle gern." Die Mutter holte die strahlende Tochter auf den Boden zurück: „Wenn du mit den Füßen auf dem Boden bleibst, kannst du nicht so tief fallen."

Wir sitzen im Wohnzimmer ihres Wohnhauses in Ober-Olm, ein normales Einfamilienhaus im Speckgürtel von Mainz. Ein großer schwarzer Flügel steht hier, Margit Sponheimer lernte auch Klavierspielen. „Ich wollte immer auf die Bühne, als kleines Kind schon", sagt Sponheimer. Mit vier, fünf Jahren, sang sie in Frankfurter Hinterhöfen Lieder der Amerikaner wie *Lilli Marleen*, und weil die Eltern sich kein Klavier leisten konnten, bekam die kleine Margit ein Akkordeon. In der Frankfurter Akkordeonschule lernte sie schon mit fünf Jahren das Instrument.

Nein, Margit Sponheimer ist weder am Rosenmontag, noch in Mainz geboren, aber in der Fastnachtszeit schon: Am

7. Februar 1943 kam sie in Frankfurt zur Welt, mit acht zog die Familie nach Mainz. Die Eltern hatten ein Geschäft für Auto-Tachometer, die junge Margit stand ganz selbstverständlich im weißen Kittelchen hinter dem Tresen und bediente die Kunden. „Ich musste gleichzeitig noch eine Lehre machen, Groß- und Einzelhandelskaufmann", erzählt sie, die Prüfung bestand sie mit Auszeichnung.

Sie ist die bekannteste Fastnachtssängerin der Republik, als „Margittche" wurde sie berühmt. Doch Margit Sponheimer ist viel mehr. Schauspielerin, Entertainerin. Und Frauenkämpferin.

Es war die Nachkriegszeit, und in Deutschland stand Überleben auf dem Stundenplan. Fleiß, Disziplin, Leistung, das waren die Werte, mit denen die junge Margit aufwuchs. Doch da war ja noch die Bühne, von 1959 an stand und sang die junge Frau in der Fastnacht. Bei einem Neujahrskonzert mit den Gonsbachlerchen, der Gesangtruppe des legendären Herbert Bonewitz, entdeckte sie Toni Hämmerle. Der berühmte Songschreiber lud das talentierte Mädchen zu sich nach Hause nach Gießen ein.

Mit Ernst Neger, der als „singender Dachdecker" berühmt wurde, durfte sie 1964 zum Duett auf die Bühne. „Eine Frau als Solistin? Um Gottes Willen", erzählt Sponheimer – damals völlig undenkbar. Doch dann gab es ein Jahr später in der Dachdeckerfirma von Ernst Neger einen tödlichen Unfall, Neger sagte alle Fastnachtsauftritte ab – und Toni Hämmerle rief sie an: Komm sofort nach Gießen! „Da trank der Toni ein Glas Sekt, machte sich eine Zigarre an", erinnert sich la Sponheimer: „An einem Montagnachmittag entstand das Lied, und am Donnerstag war Premiere." Der Flügel wurde auf die Bühne geschoben, der Saal rief

„Neger!", doch auf die Bühne kam „nur" es Margittche. „Und dann hat Gott Jokus den Narrenhimmel aufgemacht", erinnert sie sich, „und das Lied war sofort da."

„Gell, du hast mich gelle gern" wurde der erste große Hit der Sponheimer, am Rosenmontag waren bereits 20 000 Singles des Liedes verkauft. „Die Frankfurter Zeitung titelte: ein neuer Stern am Fastnachtshimmel", erinnert sich die Sponheimer schmunzelnd, „es war eine Sensation." Sie war die erste Frau in Deutschland überhaupt, die Fastnachtslieder auf einer Bühne sang. „Ich habe die Tür aufgemacht in dieser Männerdomaine", sagt die 74-Jährige selbstbewusst: „Ich bin genau die Generation der Frauen, die miterlebt hat, wie immer mehr Freiräume kamen."

Fortan war „das Margittche" aus der Fastnacht nicht mehr wegzudenken, immer neue Hits schrieben ihr Hämmerle und später der Frankfurter Horst Franke gemeinsam mit dem Mainzer Joe Ludwig: „En ganzen Kessel Grünes", „Wähle 06131". Ihren größten Hit aber komponierte der Österreicher Charly Niessen, den Text der Frankfurter Franz Rüger: „Am Rosenmontag bin ich geboren" entstand 1969, es wurde zum Markenzeichen der Sponheimer.

Mitte der 1980er Jahre begann sie vorsichtig, sich zu emanzipieren, ging statt im Abendkleid in Kostümen auf die Bühne, sang jetzt von Marktfrauen und dem melancholischen Clown. Bei Heinz Schenk und seinem Blauen Bock gastierte sie, „er war einer meiner Ziehväter, von dem habe ich sehr viel gelernt", sagt Sponheimer. Mit dem Fernsehen kamen die Agenten, und die Sponheimer begann, durch die Unterhaltungssäle der Nation zu tingeln. „Bei Wind und Wetter habe ich mich da durchgekämpft", erinnert sie sich, „von Ort zu Ort in den Festzelten, das war schon Fleißarbeit." Der große Star mit den großen Gagen sei sie nie gewesen, doch sie merkte: Geld verdienen, das ging damit schon. „Freiberufler, Frau, nicht verheiratet, das war ich", sagt die Sponheimer.

Geheiratet hat Margit Sponheimer erst mit 50 Jahren, als sie 28 war, kam ihr damaliger Freund bei einem Flugzeugabsturz ums Leben. „Ich habe geliebte Menschen früh gehen lassen müssen", sagt sie, auch für ihre Mutter galt das, die 1977 starb. Kinder kriegen, das sei damals – so unverheiratet und in wilder Ehe – nicht drin gewesen. „Ich hatte ja nie Zeit zu heiraten, und auch keine Lust", sagt sie, „und man konnte früher auch nicht hochschwanger auf die Bühne. Bauch zeigen – so weit waren wir nicht."

1998 sagte sie der Fastnacht adé und ging zum Volkstheater Frankfurt, ein harter Schnitt. „Ich musste ein Haus verlassen, um ein anderes zu betreten", sagt die Sponheimer. Gut zehn Jahre lang spielte sie in Frankfurt Theater, 2010 erschien ihre Autobiographie, natürlich mit dem Titel „Am Rosenmontag bin ich geboren". Sie habe alle Träume verwirklichen können, „alles erreicht, was man mir als Talent mitgegeben hat". Der Schlüssel dazu: „Man soll seine Träume leben, den Mut dazu haben", betont sie.

Heute tritt die 74-Jährige wieder gelegentlich in der Fastnacht auf, etwa bei „Mainz bleibt Mainz" oder bei der jungen „Stehung" in Gonsenheim. Und immer tobt der Saal, weil die Menschen spüren: Hier steht ein Vollblutprofi. „Ich muss in einem früheren Leben mal ein Zirkuspferd gewesen sein", sagt die Sponheimer lachend, „das ist einfach mein Leben, ich blühe damit."

Jeanette von Opel

Pferdewirtin

Leiterin Hofgut von Opel

Sie sind bekannt als Autobauer und Unternehmer:
die Familie von Opel. Doch in Mainz kennt man
die Opels noch anders: Jeanette von Opel ist
Kommandeurin der Mainzer Prinzengarde – als einzige
Frau unter 350 Männern. Getroffen habe ich sie
natürlich in der Mainzer Fastnacht – bei der „Fastnight"
der Mainzer Prinzengarde im Kurfürstlichen Schloss
in Mainz im Januar 2018.

Eher Unternehmerin
als *S*pringreiterin

*M*ein Vater Carlo von Opel war Fastnachtsprinz, 1962", erzählt Jeanette von Opel, keine Frage: Von Opel ist ein echtes Fastnachtskind. Die Eltern lernten sich in der Fastnacht kennen, Jeanette selbst wurde an einem 11.11. in Mainz geboren – was soll man da werden, wenn nicht Fastnachterin? Und die 35-Jährige spielt da eine besondere Rolle: Seit dem 1. Januar 2015 ist Jeanette von Opel Kommandeurin der Mainzer Prinzengarde – als einzige Frau unter 350 Männern.

Jeanette tritt dabei in große Fußstapfen: Oma Irmgard von Opel war ebenfalls Kommandeurin der Mainzer Prinzengarde, einer der ältesten Mainzer Fastnachtsgarden und bis heute eine reine Männergarde. Bekannt war Irmgard von Opel eher als Unternehmerin und als Springreiterin: Die Enkelin des Firmengründers Adam Opel war in den 1930er Jahren die wohl beste Springreiterin der Welt, 1934 gewann sie als erste Frau überhaupt das deutsche Springderby. Das Foto der übernächsten Seite, das Irmgard von Opel als Kommandeurin der Mainzer Prinzengarde zeigt, hängt bis heute im Weinhaus Wilhelmi in Mainz.

Im Jahr 1934 erwarb Irmgard von Opel das Hofgut Petersau bei Frankenthal in der Pfalz, hier gründete ihr

Sohn Carl von Opel 1962 die Firma Chio Chips – ein kluger Schachzug zur Verwertung der familieneigenen Kartoffelernte. Hier, auf der Petersau, wuchs auch Enkelin Jeanette auf, 2000 übernahm sie die Leitung des Hofguts.

„65 Pferde stehen hier, davon 25 eigene", erzählt Jeanette, „es ist eine Mischung aus Zucht, Sport und Ausbildung." Jeanette von Opel machte eine Ausbildung zur Pferdewirtin, 15 Mitarbeiter hat das große Hofgut. „Die Mitarbeiterführung, das ist eigentlich das anstrengendste", sagt Jeanette, die Belohnung: „Ein tolles Team!"

Ihre Großmutter Irmgard von Opel war die beste Springreiterin der Welt, Jeanette trat in ihre Fußstapfen: Als Reiterin, Chefin des Hofguts – und als Kommandeuse in der Fastnacht.

So bleibt nebenher noch Zeit für die Fastnacht, und natürlich findet die für Jeanette in Mainz statt. „Meine Mutter ist gebürtige Mainzerin und war 1974 Fastnachtsprinzessin", erzählt Jeanette, sie selbst war von klein auf Mitglied der Gonsenheimer Füsiliergarde. Etwa zwei Dutzend Fastnachtsgarden gibt es in Mainz, entstanden sind sie Mitte des 19. Jahrhunderts als Parodie aufs preußische Militär. Mainz war im 19. Jahrhundert Festungs- und Garnisonsstadt, das Militär allgegenwärtig – und wurde so zum Spottobjekt der Fastnachter.

Heute sind die Garden Grundpfeiler der Mainzer Fastnacht, neben Trommler- und Musikkorps wird hier auch viel soziale Arbeit geleistet. In der 1884 gegründeten Prinzengarde gibt es auch ein Reiterkorps, „deshalb ist es bei uns ganz wichtig, dass die Kommandeurin reitet", erklärt Jeanette. Zwei Mal rückt sie an Fastnacht mit

dem Reitercorps zum Umzug aus, einmal an Fastnachts-
sonntag zum Gardeumzug samt anschließender närrischer
Rekrutenvereidigung, und dann natürlich am Rosenmontag im großen Rosenmontagszug.

„Es ist wunderschön, den Umzug mitzureiten", schwärmt
Jeanette, „man ist ein bisschen höher, sieht viel, ist trotzdem nah dabei." Anspruchsvoll ist der Ritt durch die
wogende Menge aber auch: „Da erschrickt schon mal

ein Pferd", weiß Jeanette, das Gefährlichste aber sei das rutschige Kopfsteinpflaster in der Altstadt.

Rund zehn Einsätze hat die Kommandeurin in der Fastnachtskampagne ansonsten, das Amt ist vor allem repräsentativ. „Es ist ein riesengroßer Kreis, der ein Hobby teilt", erklärt sie, „und ob einer Handwerker ist oder Rechtsanwalt, das spielt keine Rolle." Und während die Männer rote Uniformen tragen, trägt die Kommandeurin leuchtendes Weiß. 350 Mitglieder hat die Mainzer Prinzengarde, ausschließlich Männer, wie bändigt man die? „Ach", lacht Jeanette, „da wird man auf Händen getragen."

Sarah Jones
Meteorologin

*Sie ist oft die einzige Frau unter vielen Wettermännern:
Seit 2011 leitet Sarah Jones den Geschäftsbereich Forschung
und Entwicklung beim Deutschen Wetterdienst in Offenbach,
im Januar 2018 hat sie mir ihr Büro geöffnet. Die gebürtige
Britin liebt Wasser – und die Frage: Wie entsteht unser Wetter?*

Wir erforschen Hurrikans, wollen Sie kommen?

*D*as war der erste Hurrikan, durch den ich geflogen bin", sagt Sarah Jones, und zeigt auf das Foto in ihrem Büro. „Fran" hängt ganz oben, der Flug durch das Auge des Wirbelsturms habe eher an einen Ritt erinnert, sagt Jones – ruckelig, rauf und runter, ziemlich erschütternd. Hurrikans sind sozusagen die Schicksalsstürme der 53-jährigen Meteorologin: Die Forschung über Hurrikans brachte sie nach Deutschland, an die Universität München. Seither lebt die Britin in Deutschland, seit 2011 ist sie im Vorstand des Deutschen Wetterdienstes für Forschung und Entwicklung zuständig.

„Mich hat die Wettervorhersage immer sehr interessiert", erzählt Jones beim Treffen in ihrem Büro: „Wie funktioniert die Atmosphäre, warum funktioniert die Wettervorhersage – und warum nicht?" Ganz praktische Gründe motivierten sie: Jones wuchs in der Nähe von Liverpool auf, bei jedem Wetter trieb sie sich mit ihrer kleinen Jolle auf einem Binnensee herum, fuhr praktisch jedes Wochenende Regatten. „Wenn man den größten Teil seiner Freizeit auf einem kleinen Boot verbringt, fragt man sich schon, woher kommt der Sturm?", sagt Jones.

Die Tochter eines Chemikers interessierte sich schon in der Schule für Naturwissenschaften, nach der Schule studierte sie Meteorologie, machte ihren Bachelor. Mit 21 Jahren begann sie ihre Promotion, das sei in Großbritannien durchaus normal, erzählt sie. Jones promovierte über Tieftemperatur-Physik, „es war der Reiz auszuprobieren: kann ich das?" Sie konnte: Mit nur 25 Jahren war sie bereits promovierte Meteorologin, eine Forschungsstelle an der Universität München bot sich an: „Wir erforschen Hurrikans, wollen Sie kommen?" fragt der Professor. „Ich habe nicht groß überlegt", sagt Jones, „ich war damals frei, und ich wollte noch einmal etwas anderes sehen."

Sie liebt Segeln und Hurrikane und promovierte in Physik – die Britin Sarah Jones ist heute Leiterin der Forschung beim Deutschen Wetterdienst in Offenbach.

1990 ging sie nach München, Deutsch lernte sie vor Ort. „Die Meteorologie ist sehr international, dort läuft praktisch alles auf Englisch", erklärt sie, „und ich hatte ein tolles Umfeld für meine eigene Forschung." Über tropische Wirbelstürme in deutschen Breiten forschte die Britin. Hurrikans, erklärt sie mal schnell, wanderten nämlich von der afrikanischen Küste in die Karibik und von dort in einem großen Bogen zurück über den Atlantik zu uns. Hier kämen Hurrikans meist als Sturmtiefs an – sowie im Oktober 2017, als Ex-Hurrikan „Maria" Deutschland heftigen Sturm und Regen bescherte.

Wieso Hurrikans das Wetter in Europa beeinflussen, sei schwer vorherzusagen, „unser Computermodelle tun sich schwer damit", sagt sie. Jones studierte, wie sich ein Hurrikan bewegt, wie er Wellen anregt, welche Struktur er bildet. Doch da war ja auch noch das echte Leben:

Sie lernte einen Bayer kennen, verliebte sich, heiratete. Zwei Töchter bekam sie, arbeitete aber dennoch halbtags weiter an der Universität, schloss ihre Habilitation ab.

2004 bekam sie einen Ruf nach Karlsruhe als Professorin ans Institut für Meteorologie und Klimatologie. Dort ging es nun um Wettersysteme und wie man sie vorhersagen kann, Jones betreute Projekte wie Forschung über Gewittersysteme in Afrika. 2011 suchten sie dann beim Deutschen Wetterdienst einen neuen Leiter der Abteilung Forschung und Entwicklung, Jones bewarb sich. „Wetterdienst-nah war ich immer schon", sagt sie, der DWD sei ein wichtiger Partner vieler Forschungsprojekte. „In der Forschung hatte ich gezeigt, was ich erreichen kann", sagt sie selbstbewusst, „ich suchte die nächste Herausforderung."

Nun ist sie die Chefin von rund 200 Mitarbeitern, Management-Aufgaben sind ein Teil ihres heutigen Jobs. Ein neues Computermodell brachte sie auf den Weg, seit zwei Jahren ist es im Einsatz. „Es gibt sehr große Fortschritte in unseren Vorhersagen", sagt Jones, mit dem neuen Modell habe sie „die Weichen gestellt für viele Jahre."

Der Klimawandel, sagt sie, „ist da, daran gibt es keinen Zweifel", die wichtige Frage für die Forschung sei nun, wie er sich auf die Wettersysteme auswirke. „Wir werden uns auf eine höhere Variabilität im Wetter einstellen müssen", sagt die Expertin, die kurzfristigen Vorhersagen – etwa über Starkregenereignisse – würden immer wichtiger. „Wir wollen die Vorhersage von 0 bis 12 Stunden verbessern", sagt sie, „Symphony" heißt das Projekt dazu. „Es gibt noch viel zu tun hier", sagt Jones.

Zum DWD nach Offenbach pendelt sie, die Familie lebt weiter in Karlsruhe. Kommt sie denn überhaupt noch zum Segeln? „Ich mache jetzt Standup Paddling auf dem Altrhein, das ist ein super Ausgleich", sagte sie, und lacht: „Es gibt einfach nicht genug Wind in Karlsruhe."

Eva Raps

Winzerin

*17 Jahre lang arbeitete sie für den Verband
der Prädikatsweingüter (VDP), dann übernahm
Eva Raps ein alteingesessenes Weingut im Rheingau –
gemeinsam mit dem Schweizer Käsemacher Urs Kaufmann.
Jetzt gibt es zu glasklaren Rheingau-Rieslingen schon mal
Käsefondue, das Unternehmensdesign erinnert
an die Schweizer Fahne – ein Besuch im
Februar 2018 in Hattenheim.*

Ich war permanent
auf der Suche

uf dem Tisch ist alles fürs Käsefondue bereitet, die Tischdecke leuchtet in rot, verziert mit weißen Kreuzen. Käsefondue in einem Weingut? „Das Rot kommt von der Schweiz, das Schweizer Kreuz sollte eine Rolle spielen – diese Geschichte macht uns einfach aus", sagt Eva Raps. Es ist die Geschichte eines Schweizer Käsemachers, der zum Winzer wurde und ein Weingut im Rheingau kaufte: Zwölf Jahre lang produzierte Urban Kaufmann Schweizer Appenzeller in der Nähe von Sankt Gallen, 2014 kaufte er das Rheingauer Weingut Hans Lang – mit Eva Raps an seiner Seite.

„Vielleicht war's verrückt", sagt Raps, „aber ich wusste einfach: Wein ist das Thema für mein Leben." 17 Jahre lang arbeitete die 50-Jährige für den Verband der Prädikatsweingüter (VDP), die Vereinigung der rund einhundert besten Weingüter Deutschlands, war Geschäftsführerin, Organisatorin, Mädchen für alles. Der VDP führte damals, in den Anfängen, ein Nischendasein, Eva Raps brachte gemeinsam mit der langjährigen Geschäftsführerin Hilke Nagel die Organisation in die professionelle Moderne.

„Wir haben das damals gerade mal zu zweit gemacht", erinnert sich Raps: „Hilke der Motor, die Ideengeberin, ich das Arbeitstier, die Perfektionistin." Gemeinsam entstaubte das Powerfrauen-Duo die Weinbörse, die große Präsentation der VDP-Weine im Frühjahr, initiierte den Ball des Weins, rief die Verkostung des Großen Gewächses in Wiesbaden ins Leben. „Ich hab ja angefangen als nichts", sagt Raps lachend, „wir hatten den Ehrgeiz, da muss jetzt was passieren."

Aufgewachsen ist die 50-Jährige im fränkischen Essfeld bei Giebelstadt, der Vater hatte einen Hof, reine Landwirtschaft. Nebenher machte er eine Ausbildung zum Berufspiloten, fand eine Anstellung bei Heilbronn in der Schädlingsbekämpfung. „So kam er in Berührung mit dem Weinzirkus", sagt Raps. Dann bekam ein Freund durch die Flurbereinigung einen Weinberg bei Ochsenfurt, der Vater übernahm die Bewirtschaftung und machte eine Heckenwirtschaft auf – der erste Kontakt zum Wein war da.

Der Wein wurde ihr Leben, ein Schweizer Käsemacher ihr Schicksal: Eva Raps war lange VDP-Geschäftsführerin, heute leitet sie das Weingut Kaufmann im Rheingau.

„Mein Traumziel war, Stewardess zu werden", erzählt Raps, das Fliegen faszinierte sie. Also machte sie nach der Mittleren Reife erst einmal zwei Jahre eine Ausbildung als Köchin und hängt gleich noch die Hotelfachfrau dran. Auf der Schwäbischen Alp arbeitete sie in einem Gasthaus im Service und auch in der Küche, doch die Sehnsucht, mehr zu können, mehr zu sehen blieb. „In der Gastronomie habe ich gemerkt, der Wein, das macht Spaß", erzählt sie, „da könntest du dich doch spezialisieren."

Raps ging nach Frankreich, machte einen Sprachkurs

in La Rochelle, arbeitete danach drei Monate als Au Pair auf einem Weingut im Bordeaux. Gleichzeitig besuchte sie Kurse auf der École du Vins in Bordeaux, ging zu Degustationen von Grand Crus – und bewarb sich bei einem Weinhandel in Darmstadt. Die Weinhandlung wollte sie, aber gleichzeitig rief der VDP an: „Hilke Nagel suchte jemanden für eine Veranstaltung in Hamburg", erinnert sich Raps – es war der Beginn einer wunderbaren Kooperation.

Mit dem VDP kamen spannende Projekte, doch die Unruhe blieb: „Ich war permanent auf der Suche, wo ist der Sinn meines Lebens", sagt Raps. Familie und Kinder hatte sie nicht, es blieb die Frage: „Also was bewege ich?" Drei Wochen ging sie über den Jakobsweg. „Die Idee war da: ein Weingut, ein eigenes – und den Winzer meines Lebens", sagt Raps. Ein Bekannter erzählte ihr von diesem Schweizer, der ein Weingut suchte, sie nahm Kontakt auf, telefonierten, skypten, besuchten sich. „Es passte einfach", sagt Raps.

2013 erzählte der renommierte Rheingauer Winzer Hans Lang, dass er einen Nachfolger für sein Weingut suche, binnen vier Wochen besiegelten sie den Kauf. Anfang 2014 übernahmen sie den ökologisch wirtschaftenden Betrieb mit fast zwanzig Hektar Rebflächen – und begannen mit der Modernisierung. Mangels Nachfolger hatten die Langs nicht mehr investiert, das Image bröckelte. Inzwischen steht ein strahlend rotes K vor der Tür der neuen Vinothek, Symbol des Neuanfangs.

Mitte 2015 füllten sie die ersten drei Weine der neuen Kaufmann-Linie, es sind elegante Weine mit hoher Mineralik. „Ich wollte immer eine saubere, klare Aromatik, schlank, geradlinig", sagt Raps, „und der Trinkfluss ist wichtig, der Wein muss fließen." Bio-dynamisch wird das Weingut gerade, es gibt eigene Weinlinien für Tegut und Lidl – die Ziele sind hoch: „Wir wollen unter die besten fünf Weingüter im Rheingau", sagt Raps. War es ein Risiko? Ja, sagt Raps, natürlich sei es das. „Aber wenn Du es mit dem richtigen Geist machst", sagt sie noch, „das kann nicht schief gehen."

Allegria
A Cappella Frauenband

*Sie sind die „Hessisch Mädsche" –
und landeten damit 2017 einen Riesenhit
im Internet: Die Frauen A Cappella-Band
„Allegria". Frech, modern und mit Frauenpower
kommen die vier Profi-Musikerinnen daher,
und sprengen eine noch stark Männer dominierte
Sparte. Gesungen haben sie (nicht nur)
für mich im Februar 2018 in Frankfurt.*

Wir dürfen auch mal *bees* sein

*E*i hosch emol, mir Hessisch Mädscher sinn doch gar nett bees", singen die vier Frauen mit den bunt-gestreiften T-Shirts: „Jetzt hier mal unter uns: Wie sinn die Hesse druff? Sie sinn es bissche ruppig, und resche sich gern uff." Der Song über die selbstbewussten „Hessisch Mädscher" ging Ende 2017 im Internet durch die Decke. 500 000 Aufrufe verzeichnete das Video zum Song binnen weniger Monate auf Facebook, fast 100 000 auf Youtube. „Wir haben wohl den Hessen-Nerv getroffen", sagt Christine Bär.

Seit 2001 gibt es die Frauen A Cappella-Gruppe „Allegria", seit 2016 singen die vier Damen in dieser Besetzung zusammen. Julia Hofmann, der dunkle Alt, und Sopranistin Christine Bär trafen sich beim Gesangsstudium in Frankfurt, gemeinsam gründeten sie ein Frauen-Sextett. „Die Männer haben alle Klavier studiert", sagt Hofmann. „Es gab keine Männer", erinnert sich auch Bär, „da haben wir gesagt: brauchen wir auch nicht."

Frauen A Cappella-Gruppen waren bislang in Deutschland eher selten, der A Cappella-Gesang ist traditionell männlich – seit den berühmten Comedian Harmonists waren die Stars der Szene Männer. „Wir sind die weibliche Antwort auf Wise Guys und Sechszylinder", sagt Hof-

mann selbstbewusst. 2007 stieß Mezzosopranistin Mareike Bender zu Allegria, 2016 kam die gebürtige Stuttgar-
terin Sopranistin Christina Schmid dazu, die einzige, die
außerhalb Hessens geboren wurde, auch sie längst „inte-
grierte Hessin", wie sie sagt.

Lange sang die Gruppe klassisches Liedgut in Kirchen,
mischten Volkslieder mit Musicalmelodien, intonierten
Leonard Cohen's „Hallelujah". Der Fokus lag immer auf
dem schönen Gesang, dem edlen Auftritt – die „Hessisch
Mädsche"wurden zur Initialzündung
für eine ganz neue Richtung. „Wir
haben uns entschieden, jetzt auch
mal die Stöckelschuhe beiseite zu
legen", sagt Mareike Bender, „wenn
man Tacheles reden will, hindern
die einen manchmal."

Vier Frauen, vier
Familien, vier großartige
Stimmen – das sind
Allegria: Julia Hofmann,
Christine Bär, Mareike
Bender und Christina
Schmid machen böse
A-Cappella ohne Männer.

Im Urlaub auf Mallorca, am Strand,
schrieb Bär den Text für „Hessische
Mädsche", Hofmann setzte die Melodie von „All about
that bass" für das Quartett um. Seit dem Erfolgssong haben
sie angefangen, eigene Lieder zu entwickeln, ein neues
Programm ist in der Mache. „Aktuell machen wir ziemlich
viel Firlefanz", sagt Hofmann, und grinst – „Firlefanz" ist
der Name des neuen Programms. „Klamauk, Heckmeck,
Kladderadatsch", wirft Bär genüsslich ein. Musikkabarett
im Entstehungsprozess, vom Leben singen sie, mit all
seinen Facetten, und immer mit Augenzwinkern, sagen sie
geheimnisvoll.

„Wir haben eine Botschaft, die kann man uns auch mit
Turnschuhen abkaufen", sagt Bender. Es gehe gerade da-

rum, „nicht immer nur schön, nicht immer nur nett zu sein", sagt Hofmann: „Da Frauen seit ungefähr hundert Jahren auch wählen dürfen, dürfen wir auch mal *bees* sein." Böse sein, mal nicht auf schön gestylt sein – auf den Bühnen gilt das bei Frauen immer noch als revolutionär. „Mir Hesse sinn echt!" singen die Allegria-Mädels.

„Ernst genommen zu werden als Frau, das ist schon ein Punkt", sagte Bender, „man muss schon seine Frau stehen." Nein sagen zu schlechten Verträgen, gehöre zum Beispiel auch dazu, das werde dann auch durchaus respektiert. Mehr können als die Männer müsse man, sagt Hofmann, „und sehr genau aufpassen, was man sagt."

Und dann ist da noch die Vereinbarkeit von Familie und Beruf, die Mittdreißigerinnen haben Männer, kleine Kinder. Alle vier leben von der Musik, sind auch als Musikpädagoginnen tätig. „Da braucht man Männer, Omas, Tanten, Onkel zur Unterstützung", sagt Hofmann. „Ein ganzes Netzwerk", ergänzt Bär.

Und was ist für sie nun hessisch? „Das haben wir alles in unseren Song gepackt", sagt Bär: „Äppelwoi, Elvis und Frankfurt, aber auch Multi Kulti und das Bodenständige." Die Reaktionen seien begeistert, das gesungene Stück Hessen-Identität kommt an. Gerade seien sie angesprochen worden, erzählt Bender: „Uns Hessen fehlt so was." Jetzt nicht mehr – Dank der Hessisch' Mädscher von „Allegria".

Brigitte Ritter

Wünsche-Erfüllerin

Seit zehn Jahren erfüllt Brigitte Ritter nun schon Wünsche von todkranken Jugendlichen. Binnen einer halben Stunde kann sie helfen, wenn nötig – unbürokratisch, mit Hilfe von Spendern. „Man kann so viel tun“, sagt die Gründerin der „Initiative Wunschtraum“, im April 2018 habe ich sie in Wiesbaden besucht.

Wenn doch so viel *H*ilfe
überall gebraucht wird

*E*s begann alles vor zehn Jahren mit einem Achtzehn-
jährigen, der unbedingt ins Musical *König der Löwen*
wollte. Das Problem des jungen Mannes: „Er hatte nicht
mehr lange zu leben", erinnert sich Barbara Ritter. Natürlich gibt es Vereine, die Wünsche von sterbenskranken
Kindern erfüllen, doch meist dauert das länger, so wie in
diesem Fall. „Die wollten erst eine Versammlung machen
und sagten dann: der ist zu alt", sagte Ritter, und man
merkt, dass sie das noch immer fassunglos macht.

„Ich ruf' mal ein paar Leute an", sagte die agile Wiesbadenerin mit der markanten rauchigen Stimme, nach
ein paar Stunden hatte sie das Geld für den Musical-
besuch zusammen. Einen kleinen Löwen kauften sie auch
noch – doch es war zu spät: Der junge Mann bekam noch
die Nachricht, aber zwei, drei Tage später war er tot.
„Da habe ich gesagt, du kannst so etwas nicht mit Ver-
einsstrukturen stemmen, es muss viel schneller gehen",
erzählt Ritter – es war die Geburtststunde der „Initiative
Wunschtraum".

Seit zehn Jahren erfüllen Barbara Ritter und ihre Freun-
din Noretta Labriola nun schon Wünsche für todkranke
Kinder, 2018 wurden sie dafür vom Land Hessen als
„Menschen des Respekts" ausgezeichnet. Einen Verein

haben sie nie gegründet, Spendenquittungen stellen sie nicht aus – „wer wirklich kranken Kindern helfen will, hilft", sagt Ritter: „Wir kümmern uns sofort. Ein Computer, die Idee, ein paar Kontakte – das war's."

Ihre Wünsche haben meist einen Wert von bis zu ein paar hundert Euro, oft auch weniger. „Einer wollte Ballon fliegen, ein anderer an einen Flugsimulator, da kannte ich einen, also haben wir ihn hingebracht", erzählt Ritter. Die Wünsche können auch Kleidung betreffen, eine schicke Jacke, oder mal einfach nur Pizza essen gehen. „Die meisten Kinder kommen aus sozial schwachen Verhältnissen", sagt Ritter, die Eltern hätten oft wenig Geld. Auch den Geschwisterkindern helfe der Wunschtraum oft, „die leiden nämlich auch", sagt Ritter.

Brigitte Ritter war schon alles: Kosmetikerin, Leiterin eines Kinderladens, Pferdehofbetreiberin, Möbelverkäuferin. Vor allem aber erfüllt sie Wünsche – für todkranke Kinder.

Die 74-Jährige weiß, wie es ist, jemanden zu verlieren. 1988 war es, als ihr Neffe starb, mit nur 22 Jahren, bis heute hängt das Bild des großen, blonden jungen Mannes an einem Ehrenplatz in ihrer Wohnung. Wie ein eigener Sohn sei er gewesen, binnen eines halben Jahres war er tot, am Krebs, erzählt sie. Die Arbeit der Initiative Wunschtraum – es ist auch ein Stück das Vermächtnis des jungen Mannes.

Auch Ritters Vater Karl Wehnert starb an Krebs, 1959 war das. Wehnert hatte einen Textilgroßhandel mit Strümpfen, der Bruder übernahm mit 17 Jahren die Firma. „Mein Elternhaus steht gegenüber der Dienstvilla des Ministerpräsidenten", sagte sie lachend. Ritter selbst lernte in Internaten in Garmisch-Partenkirchen und in England, absolvierte die höhere Handelsschule, machte auch mal eine Ausbildung als Kosmetikerin, arbeitete ein Jahr in einer Parfümerie. Als die Pleite ging, eröffnete Ritter gemeinsam mit dem Bruder einen Kinderladen, 1966 war das.

1970 heiratete sie, einen Bauingenieur, das untätige Eheleben hielt sie nicht lange aus: „Das Pferd von meinem Mann bekam Bronchitis, da haben wir einen Hof gemietet im Taunus", erinnert sich Ritter, „da war noch Platz, da haben wir noch ein paar Pferde reingeknäuelt." Zehn Pferde standen zu Hochzeiten dort, dazu vier Ziegen, Hund und Katze. Zehn Jahre lang betrieb sie den Pferdehof, arbeitete danach im Möbelgroßhandel, verkaufte auch mal Küchen. Schließlich engagierte sie sich ehrenamtlich bei Bärenherz, so kam es auch zum Kontakt mit den todkranken Kindern.

Der erste junge Mann hatte in der Mainzer Uniklinik gelegen, „das sprach sich da so rum, und wir haben das auch rumerzählt", sagt Ritter, „und dann kamen die Anrufe." Meist melden sich Kliniken oder Sterbehospize, Ärzte oder Betreuer beim Wunschtraum, oft laute der Wunsch ein Besuch in einem Freizeitpark, bei Mädels sei es oft ein Fotoshooting. Einer Mutter bezahlen sie die Fahrtkosten zu ihrem schwerkranken Kind, einem Jungen, der ständig mit dem Rollstuhl herumfetzt, die Brille. „Es gibt so viel Hilfsbereitschaft", sagt Ritter, „man wird da sehr dankbar."

Wie viele Wünsche sie in den zehn Jahren erfüllt hat? „Unmengen", sagt Ritter, „Tausende." Und wie lange will sie noch Wünsche erfüllen? „Wir machen das, so lange wir stabil sind", sagt Ritter, „Ich bin doch fit – und man kann doch nicht einfach rumsitzen, wenn so viel Hilfe überall gebraucht wird."

Sabine Füll

Betriebsleiterin
Nerobergbahn

*Sie ist das Wahrzeichen von Wiesbaden:
die Nerobergbahn. 130 Jahre alt ist die Standseilbahn,
dass ihr Betrieb wieder boomt, verdankt die Bahn
einer Frau: Seit Januar 2015 ist Sabine Füll
Betriebsleiterin der Nerobergbahn – im April 2018
bin ich mitgefahren.*

Sie könnte auch die Seilbahn
zur Zugspitze leiten

Die neue große Liebe von Sabine Füll ist groß, leuchtend orange und steht auf Rädern. „Ich hatte mich schon vor fünf Jahren in die Bahn verliebt", sagt die 52-Jährige lachend, „ich wollte diesen Job unbedingt." Es ist ja auch nicht irgendeine Bahn: Die Nerobergbahn in Wiesbaden ist Deutschlands einzige, mit Wasserballast gezogene Standseilbahn. Das historische Gefährt rollt seit 130 Jahren auf den Wiesbadener Hausberg, den Neroberg, die Bahn ist Kult und ein echtes Wahrzeichen der Landeshauptstadt.

Im Januar 2015 wurde Sabine Füll Betriebsleiterin der historischen Seilbahn, ausgerechnet eine Frau als Chefin von rund 25 Männern. „Es war nicht einfach, sich in einer Männerwelt zu behaupten", sagt Füll, „ich musste mir meinen Stand erarbeiten, das ist mir aber gelungen." Im Schrank ihres kleinen Dienstzimmers hängt immer ein Blaumann griffbereit, wenn Not am Mann ist, kann sich Sabine Füll auch persönlich unter die Bahn legen und Schrauben und Technik begutachten.

Dabei war die 52-jährige Wiesbadenerin eigentlich gar keine Technikerin. „Die Technik hat mich damals, nach dem Abi, überhaupt nicht interessiert", sagt sie, und lacht wieder einmal. Füll studierte Diplom-Betriebswirtschaft, Schwerpunkt Marketing, an der Fachhochschule Wiesbaden, arbeitete danach 17 Jahre lang im Marketing für den Gerling-Versicherungskonzern. Als sich der aus der Region verabschiedet, wechselte sie zur Wiesbadener Verkehrsgesellschaft ESWE.

„Mein erstes Großprojekt war das 125-jährige Jubiläum der Nerobergbahn", erzählt Füll, „ein super erfolgreiches Jahr mit erstmals über 300 000 Fahrgästen." Die Gäste kamen, die Geschäftsleitung habe gemerkt, „wenn man hier ein bisschen was macht, boomt das doch." Und als ein Nachfolger für den in Ruhestand gehenden Betriebsleiter gesucht wurde, bot das Unternehmen ihr die Stelle an.

Einfach so durfte sie den Job aber nicht übernehmen. „Ich musste eine Betriebsleiterprüfung machen, einen Lehrgang in Sachen Seilbahn", sagt Füll. Und so saß die damals 48-Jährige zwischen Diplom-Ingenieuren und studierten Technikern und paukte Materialien, Aufbau eines Seils, Vergusskegel, Mechanik und Elektrotechnik. „Ich habe wirklich Tag und Nacht gelernt", sagt Füll, „während die Männer abends auf die Rolle gingen, habe ich gebüffelt."

Belächelt worden sei sie von den Herren, sagt Füll: einzige Frau, keine Technik-Vorerfahrung, ob das wohl etwas werde? „Ich habe es ihnen so gezeigt", sagt Füll mit Genugtuung: Als erste Teilnehmerin überhaupt bestand sie die Prüfung mit 100 Prozent, als erste Frau sowieso. Ihr Vater, ein Nachrichtentechniker, half der Tochter jeden Abend mit Rat beim Lernen. „Das war einfach

Diplom-Betriebwirtschaft studierte sie, arbeitete im Marketing – dann verliebte sich Sabine Füll in die Nerobergbahn in Wiesbaden. Und machte ihr Seilbahn-Diplom.

super spannend", sagt Füll, „ich habe mich so verliebt in die Bahn, und es hat mir Spaß gemacht, mal wieder etwas Neues zu machen im Leben."

Nun könnte Füll mit ihrem Diplom auch die Seilbahn auf die Zugspitze leiten, im ersten Urlaub nach dem Lehrgang besichtigte sie in den Alpen jede Bergbahn im Umkreis. Ein Jahr lang musste sie als stellvertretende Betriebsleiterin Erfahrung sammeln, so die Vorschrift, im Januar 2015 dann wurde Füll die Chefin der Nerobergbahn. Vier feste Mitarbeiter hat sie, 22 Fahrer arbeiten im Schichtdienst auf den zwei Bahnen – alles Männer. „Ich hätte super gerne eine Frau als Fahrerin", sagt Füll, „aber ich habe noch keine gefunden."

Der Grund: Die Fahrer müssen die schwere Steuerungskurbel bedienen und auch die gesamte Fahrt über halten können, „das schaffe ich auch nicht volle sechs Stunden lang", sagt Füll. Im Jubiläumsjahr nun soll die Bahn noch einmal 300.000 Besucher anziehen, wenn denn das Ausflugswetter mitspielt. Sabine Füll wird man jedenfalls so schnell nicht mehr von hier wegbekommen: „Ich habe einen der schönsten Jobs hier in Wiesbaden mit gut gelaunten Menschen, glücklichen Touristen und einer traumhaften Umgebung", sagt sie: „Ich würde hier gerne alt werden."

Kathrin Puff

Winzerin & Betriebsleiterin
Kloster Eberbach

Frauen im Weinbau, das ist noch immer eine besondere Geschichte – die Branche war bislang zum Großteil Männerdominiert. Doch immer öfter sind Frauen in den Weingütern nicht mehr nur für Essen & Marketing zuständig – sie stehen auch im Keller, an den Fässern, im Weinausbau. Eine, die das im großen Stil tut, ist Kathrin Puff: Zehn Jahre lang leitete sie Thailands größte Weinkellerei, nun ist sie die Herrin über die Fässer von Deutschlands größtem Weingut: Seit dem 1. April 2018 ist Puff Kellermeisterin von Kloster Eberbach.

Wein-Makerin
für 2,3 Millionen Flaschen

*D*ie riesigen Tanks im Keller schrecken Kathrin Puff kein bisschen. „Wenn der Tank ein bisschen größer ist, ist die Verantwortung dieselbe", sagt die 39-Jährige trocken, „der Anspruch, Goldmedaillen und 90 Punkte-Weine zu holen, das ist hier nicht anders." Puff weiß, wovon sie redet: Seit dem 1. April 2018 ist die Oenologin die neue Kellermeisterin von Kloster Eberbach, das größte Weingut Deutschlands aber ist für sie „übersichtlich": Zehn Jahre lang war sie Kellermeisterin der Siam Winery in Thailand, der größten Weinkellerei Südostasiens.

„Ich mag kein Bier", erzählt Puff, die aus Krefeld stammt. Der Vater ist Zahnarzt und Weinliebhaber, früh kam die Tochter hier mit dem edlen Rebensaft in Berührung, schnell wurde ihr klar: „Ich wollte nicht nur einen Bürojob, sondern etwas Kreatives, und mit der Natur in Verbindung bleiben." Puff machte „einfach mal ein Praktikum im Weinberg", erzählt sie – es war ein Praktikum bei der Kupferberg-Kellerei in Mainz. 1998 war das, und Puff merkte schnell: das war die richtige Branche.

In Geisenheim studierte sie Weinbau und Oenologie zwei Jahre lang, ihr Studium beendete sie an der Weinbauuni im italienischen Udine. „Ich war die einzige Ausländerin – und die einzige Frau", erinnert sich Puff. Mit 30 Studenten wohnte sie in einem Wohnheim, der Hörsaal war direkt darunter. Italienisch konnte sie nicht, dafür fließend Spanisch, Puff lernte in Rekordzeit Italienisch, blieb nach dem Diplom in der Toskana.

„Das Weingut Dievole aus Siena rief an, die wollten jemand mit Deutschkenntnissen", sagt Puff – mit nur 24 Jahren wurde sie Kellermeisterin eines 100-Hektar-Weinguts in Siena. „Hauptsächlich Rotwein, hauptsächlich Chianti Classico, sehr großer Exportanteil, sehr viel nach Amerika", beschreibt Puff das Szenario. Eine Partnerschaft mit einem Weingut auf Sizilien galt es zu gestalten, also flog die junge Frau nach Italien, um auch dort Wein zu machen. „Da fühlte ich mich bestätigt, dass ich den richtigen Job hatte", sagt sie.

Kathrin Puff war Winemakerin in Siena, Neuseeland und Thailand, heute leitet sie mit Kloster Eberbach das größte Weingut Deutschlands – als Kellermeisterin.

Nach fünf Jahren ging sie ein halbes Jahr als Vintage Winemakerin nach Neuseeland, auf ein 250-Hektar-Weingut. Sauvignon Blanc, Grauburgunder und Riesling waren hier angesagt, Puff war in der Weinlese für die Nachtschicht zuständig. Danach suchte sie wieder einen Job – und dieses Mal kam der Anruf aus Thailand: Siam Winery, heute die größte Weinkellerei Südostasiens. „Als ich dort anfing, waren die bekannt für ein süßes Weinmischgetränk", erzählt Puff, „aber wie man Wein macht und wie er schmecken sollte, davon hatte das Team wirklich keine Ahnung."

Doch der Besitzer wollte eine thailändische Weinkultur aufzubauen, Puff griff zu. Innerhalb kürzester Zeit zog sie eine Kellerei mit 250 000 bis 300 000 Flaschen pro Jahr auf, kaufte jährlich sieben Millionen Liter Fasswein in Kalifornien und Südafrika und füllte sie allein für den thailändischen Markt. „Ich wollte eigentlich keinen großen Schnickschnack, sondern einfach erst einmal saubere Weine machen", erzählt sie. Doch gleich im ersten Jahr 2008 gewannen Rosé und Rotweincuvee Goldmedaillen. 253 Preise heimsten sie und ihr Team in zehn Jahren ein, dazu hohe Bewertungen renommierter Weinkritiker.

Nach zehn Jahren aber zog es die kleine Familie zurück nach Europa. Puff war inzwischen Mutter des kleinen Elias geworden, auch die asiatische Mentalität und die weit verbreitete Korruption spielten ein Rolle. Ihr Mann, den Puff in Siena kennenlernte, arbeitet als Fotograf für die European Press Agency in Frankfurt, also streckten sie die Fühler in Richtung Rheingau und Rheinhessen aus – und wurden in Kloster Eberbach fündig, weil Kellermeister Ralf Bengel nach Schloss Vollrads wechseln wollte.

Generalistin sei sie in Thailand geworden, „nun reizt es mich, Wein auf hohem Niveau herzustellen", sagt Puff: „Ich identifiziere mich als Kellermeister und Weinmaker." 2,3 Millionen Flaschen machen sie in Kloster Eberbach in fast hundert verschiedene Abfüllungen pro Jahr. Wird sie den Weinen nun eine weibliche Handschrift geben? „Mann, Frau, das habe ich nie als wichtig empfunden", sagt Puff, „wenn ich auf dem Job bin, kann ich sehr Gender neutral werden – Hauptsache der Job wird gemacht."

Neele Schauer
Studentin / Politikerin

Mit 16 Jahren wurde sie Beisitzerin im Landesvorstand der Frauenunion: Neele Schauer ist eine der jüngsten CDU-Frauen in der Geschichte des Verbandes. „Frauen agieren tendenziell schon ein bisschen anders", sagt die heute 18-Jährige – ein Gespräch über Feminismus, Gerechtigkeit und die Bedeutung von „konservativ".

Sie brauchen wir hier – das fand ich cool!

*F*rauen in der Frauenunion sind gereifte Damen jenseits der 60 mit eher biederem Auftreten und im züchtigen Kostüm – richtig? Neele Schauer trägt Jeans, dunkles Jackett und ihre langen dunkelblonden Haare offen, die Pumps haben hohe Absätze. In zwei Wochen wird sie 19 Jahre alt. „Ich fühle mich mit meinen frauenpolitischen Themen ganz wohl in der Frauenunion, und auch in der CDU“, sagt Schauer: „Ich habe hier unglaublich viele tolle Frauen kennen gelernt, die im Leben stehen, Berufe haben. Frauen, die sich dafür einsetzen, dass ihre Kinder für selbstverständlich halten, dass Frauen das tun.“

Sie war 16, als die hessische Frauen Union Neele Schauer als Beisitzerin in ihren Vorstand wählte. „Die Landesvorsitzende Sigrid Isser kam zu mir und hat gesagt: Sie brauchen wir hier, das fand ich cool“, erzählt Schauer. Im Landesvorstand beschäftige sie sich vorwiegend mit den Themen Facebook und Webseite, „das ist naheliegend“, sagt sie trocken. Im Arbeitskreis für junge Frauen in der CDU arbeitet sie natürlich auch mit, ebenso in einem Gremium zur paritätischen Beteiligung an Kommunalwahlen.

„Wir überlegen uns Strategien, wie man mehr Frauen gewinnt, wie man die politische Arbeit attraktiver gestalten kann“, sagt Schauer, und erzählt, dass der Landesvorstand selbst seinen Sitzungen einen fixen Endpunkt gegeben hat. „Das erleichtert die Lebensplanung ungemein", sagt Schauer trocken. Pragmatisch, zielgerichtet, zupackend – Neele Schauer gehört nicht zu den Menschen, die lange fackeln. „Ich bin sicher keine Revolutionärin", sagt sie lachend, „ich war immer ein Freund von Gesetzen."

Die gebürtige Offenbacherin ist eine Schnelldenkerin, in der Schule sprang sie von der neunten Klasse gleich in die Oberstufe und machte ihr Abitur mit 1,0. Trotzdem machte auch sie die Erfahrung, dass Lehrer ihr weniger zutrauten – weil sie ein Mädchen ist. „Auf dem Schulhof habe ich Ballett geübt", erzählt sie, das Tanzen ist bis heute ihre große Leidenschaft. Doch ihr als Mädchen habe ein Lehrer damals vermittelt: „Mathe kannst du nicht." – „Mir zuzutrauen, Mathe-Leistungskurs zu machen, das war erst mal gar nicht so leicht", sagt sie. Schauer wurde die beste im Mathe-LK, begann nach der Schule ein Mathestudium.

Neele Schauers Leidenschaft gehört der Juristerei und der Politik. Mit 14 trat sie in die Junge Union ein, mit 16 wurde sie Mitglied im Landesvorstand der hessischen Frauenunion.

Gerade studiert sie schon im vierten Semester an der Frankfurter Goethe-Universität, ihre Leidenschaft aber gehört inzwischen mehr ihrem Jura-Studium. „Ich finde es total spannend zu sehen, wie eine Gesellschaft funktioniert, die Regeln, die unsere Gemeinschaft sich gibt", sagt sie. Internationalisierung und Europarecht sind ihre Schwerpunkte, Europa habe sie lange „für selbstverständlich genommen", der Brexit änderte das. „Seit ich Europarecht studiere, lerne ich viel mehr, welche Ansätze es gibt für die Idee Europa, welche Visionen – und wo aufgehört wurde, sich zu einigen", sagt Schauer, und man traut ihr unwillkürlich zu, an dem Punkt mit der Einigung weiter zu machen.

Mit 14 Jahren trat Schauer in die Junge Union ein, mit 16 Jahren in die CDU und wurde auch gleich im Kreisvorstand der Frauenunion tätig. Sie ist stellvertretende Kreisvorsitzende der Jungen Union Offenbach, Ko-Vorsitzende im Landesfachausschuss Schule und Bildung Hessen, sitzt im Bezirksvorstand der Jungen Union Rhein-Main und ist Mitgliederbeauftragte der Frauenunion in ihrem Kreis. Zwei Stunden pro Woche widme sie vielleicht der Politik, sagt Schauer. Für die Schülerunion schrieb sie mal ein Grundsatzprogramm, einer ihrer Anträge zur Abschaffung der Luftverkehrssteuer schaffte es bis auf den Bundesparteitag der CDU. „Da habe ich gemerkt: man kann doch etwas bewegen", sagt sie.

Mit *konservativ* verbinde sie, „dass man Sachen optimieren will und mit dem arbeitet, was man hat." Angela Merkel habe sie „inspiriert", und „Feminismus", das sei zwar ein schwieriges, ein klischeebehaftetes Wort, aber es gehe doch vor allem um eines: Gleichberechtigung. „Ich möchte, dass meine Kinder irgendwann nicht mehr dafür kämpfen müssen, dass sie das gleiche Gehalt bekommen", sagt Schauer, „dass es selbstverständlich ist, wenn Frauen arbeiten gehen – das ist für mich Feminismus."

Michaela Hagemann

Kinderärztin

Unternehmerin

*Mit gerade 25 Jahren gründete Michaela Hagemann
ein eigenes Unternehmen. Die angehende Ärztin
wurde Mutter – und fand einfach keine Babypflegeprodukte, die ihr gefielen. Drei Jahre später stehen
die Öle und Cremes von „Das Boep" bundesweit
in Drogeriemärkten. – Im Juni 2018 habe ich sie
in ihrem neuen Mainzer Büro getroffen.*

Ein Baby braucht nicht 15 verschiedene *D*üfte

*M*ichaela Hagemann stand vor dem Regal in den Drogeriemärkten und hatte ein Problem: „Ich wollte ein Babyöl, aber es gab einfach keines, das gut riecht", erzählt Hagemann. Da waren natürlich die klassischen Pflegeprodukte, doch die basieren auf synthetischen Inhaltsstoffen wie Parafinen. „Ich wollte keine synthetischen Inhaltsstoffe auf meinem Kind", sagt Hagemann fest – und die Naturkosmetiksachen „rochen wie ein Kräutergarten."

Hagemann war schwanger mit ihrer ersten Tochter, und es ging ihr, wie vielen Müttern: „Ich wollte einen dezenten Geruch und natürliche Inhaltsstoffe", sagt sie. Doch in vielen Babyprodukten sei „ein sehr hoher Anteil Parfüm", drin, Hagemann fand: Das passt nicht zu Babys. „Ein Baby braucht nicht 15 verschiedene Düfte, man will doch den Babyduft", sagt sie. Und in der Schwangerschaft hinterfrage man eben auch mehr, was in den Produkten drin sei. Naturkosmetik hingegen sei „oft noch sehr traditionell im Design und arbeitet viel mit ätherischen Ölen", sagt Hagemann, da sei der Duft oft sehr kräuterlastig. Dazu kam noch ein weiterer wichtiger Aspekt: die Babyhaut und ihre Pflege.

Die klassischen Babypflegeprodukte basierten auf synthetischen Ölen, deren Pflegewirkung sei aber „eher nachrangig", sagt Hagemann. Die Duftstoffe in den Produkten seien oft sehr hoch konzentriert, das habe keinen guten Nährwert für die Haut. „Parabene sind Konservierungsstoffe und sorgen dafür, dass die Haut einen Schutzfilm bildet und die tatsächlichen Pflegestoffe gar nicht in die Haut eindringen können", erklärt Hagemann weiter.

Für eine Babyhaut gebe es keine bessere Pflege als natürliches Öl, „aber ein Baby voller Olivenöl riecht dann wie Salatdressing, das passte nicht", sagt sie: „Es gab einfach keine Produkte, die natürliche Inhaltsstoffe mit zartem, dezentem Duft verbinden."

Kinderärztin war Michaela Hagemann, dann wurde sie schwanger – und gründete ihre eigene Bio-Kosmetikserie für Babies. „Das Boep" boomt – auch Dank Instagram.

Hagemann ist gebürtige Frankfurterin, in Eschersheim ging sie in den Kindergarten, später in Bad Homburg in die Grundschule. In München studierte sie Medizin, spezialisierte sich auf Kinderheilkunde. Noch während des Studiums kam die erste Tochter, 2017 die zweite.

Im Geburtsvorbereitungskurs stellte die angehende Mutter fest: Es geht noch anderen so. „In meinem jugendlichen Leichtsinn habe ich gedacht: dann mache ich es eben selbst", erzählt sie und lacht. In Großbritannien und den USA gebe es solche natürlichen Babyprodukte, in Deutschland waren die nicht zu haben. Hagemann fing an, mit Mandelöl aus der Apotheke zu experimentieren, dann suchte sie sich einen Naturkosmetikhersteller im Allgäu. „Die fanden spannend, dass ich eine Vision hatte", sagt Hagemann, „und sie haben gesehen, dass ich mit meiner

Expertise als Ärztin zu Inhaltsstoffen und Haut eine gute Partnerin bin."

Gemeinsam entwickelten sie ein Babyöl auf der Basis von Mandelöl und Aprikosenkernöl, versetzt mit leichten Inhaltsstoffen wie Vanille und Zitrusnote, Ringelblume und Sheabutter. „Das ist alles sehr frisch und dezent", sagt Hagemann, „der Duft war für mich wahnsinnig wichtig." 2015 gründete sie „Das Boep", die Kurzform für „das babyölprojekt", im Dezember ging sie mit einem kleinen Internetshop online. „Überschaubare Mengen waren das am Anfang", sagt sie lachend, „wir dachten, wir schauen mal, ob es außer dem Family and Friends-Kreis noch jemanden gibt."

Eine Freundin, die im Marketing arbeitete, sagte ihr: Du musst auf Instagram posten. Hagemann schrieb junge Mütter an, ob die ihre Produkte ausprobieren und darüber schreiben wollten. Es war genau zu Beginn der „Influencer"-Welle, „die Mama-Blog-Szene war im Aufbau", sagt Hagemann, die jungen Bloggerinnen suchten Themen. „Das Boep" funktionierte sofort: „Wir hatten wirklich täglich Bestellungen", sagt Hagemann, „die Pakete habe ich von zu Hause aus dem Schlafzimmer gepackt." Ein Jahr später verkaufte sie schon eine Palette pro Monat.

Hagemann und ihr Bruder kratzten Geld aus dem Familienkreis zusammen und gründeten eine GmbH. Nach einem halben Jahr boten sie ihre Produkte Apotheken und Kinderläden an, die Basic Bio Supermärkte waren die ersten, die „Das Boep" listeten. Inzwischen gab es eine Handcreme, eine Wundcreme für den Windelbereich, ein mildes Shampoo und eine Bodylotion für

Kindergartenkinder. Auf einer Kindermesse in Köln lernte Hagemann den Einkäufer der dm-Drogeriemärkte kennen, seit September 2017 stehen „Das Boep"-Cremes bundesweit in 1100 größeren dm-Filialen in der Babyabteilung.

14 000 Produkte brauchte Hagemann für den Start bei dm. Inzwischen haben sie und ihr Bruder fünf Mitarbeiter und können sich selbst Gehälter zahlen. Aus der Ärztin ist eine Vollzeit-Unternehmerin geworden mit Geschäftsreisen und Presseterminen.

Vor einem Jahr zogen sie und ihre Familie nach Mainz, nun will ihr Mann, ein Hals-Nasen-Ohrenarzt, seinen Job reduzieren – dem „Boep" zuliebe, „Es ist einfach ein Herzensprojekt, es macht wahnsinnig Spaß", sagt Hagemann. Medizin sei zwar „ein wahnsinnig spannendes Studium", kreativ sei es nicht. Eine Schwangeren-Produktserie würde sie gerne noch entwickeln, gerade läuft eine Crowdfunding-Aktion, um die Entwicklung einer Sonnencreme zu finanzieren. Ihr Ziel, sagt Hagemann sei aber vor allem eines: „Ich möchte mich gerne als Marke etablieren."

Elisabeth Scholl

Sopranistin

*Sie hat mit großen Dirigenten gearbeitet, mit Bruno Weil,
Sir Neville Marriner, auf Opernbühnen und Festivals
gesungen. Und doch kennt man meist den Namen
ihres Bruders Andreas: Elisabeth Scholl aus Kiedrich
gehört zu den bedeutenden Sopranistinnen Deutschlands.
Seit April 2018 ist die Expertin für Alte Musik Professorin
für Gesang in Mainz.*

Sängerin – das war
nichts *G*escheites

*I*ch war lange Zeit das erste und einzige Mädchen, ich war damals ein halber Bub, die Haare waren kurz, das ist nicht weiter aufgefallen", sagt Elisabeth Scholl lachend. Die Passion für die Musik, Elisabeth Scholl wurde sie definitiv in die Wiege gelegt. „Wir sind bei den Kiedricher Chorbuben groß geworden", erzählt sie. Drei Geschwister hat sie, zwei Brüder und eine Schwester, der Vater war eigentlich Obst- und Gemüsehändler, doch zeitweise leitete er die Kiedricher Chorknaben – Elisabeth war mitten drin.

Wir sitzen in ihrem Elternhaus in Kiedrich im Rheingau, direkt unterhalb des weltberühmten Kloster Eberbach. Hier wuchs Scholl auf, mit viel Sport, Schule – und Singen. „Singen – das war das normalste der Welt", erzählt die 51-Jährige. Heute glaubten viele, Klassik sei nur etwas für Gebildete. „Uns war egal, ob das Verdi oder Monteverdi war, wir haben einfach alles gesungen, das gehörte zum Leben einfach dazu, wie Sport und Schule", erzählt Scholl.

Mit dem Namen Scholl verbinden Klassikkenner heute vor allem einen Namen: Andreas Scholl, Countertenor, der schon in der New Yorker Met sang und mit mehreren Echo-Musikpreisen ausgezeichnet wurde. Andreas ist der jüngere Bruder von Elisabeth Scholl, gemeinsam sangen sie als Kinder ab 1982 mehrere Jahre lang im Hessischen

Staatstheater in Wiesbaden die Knaben in der Zauberflöte – in Begleitung so berühmter Sänger wie Siegfried Jerusalem und Eike Wilm Schulte.

„Es hat mich fasziniert, auf der Bühne zu stehen", erzählt Elisabeth Scholl, „da habe ich mal gefragt: wie wird man denn eigentlich Sänger?" Die Eltern fanden, Singen sei „nichts Gescheites", brotlose Kunst. „Aus Protest habe ich sogar mal überlegt, Simultandolmetscherin zu werden", erzählt Scholl lachend. Doch der Ruf der Musik war stärker: in Mainz studierte sie von 1985 bis 1990 Musikwissenschaften, Anglistik und Kunstgeschichte, Gesang studierte sie nebenher bei Eduard Wollitz. Danach schloss sie ein Studium der Alten Musik in Basel an – der Gesangslehrer ihres Bruders, Réné Jacobs, wollte sie unbedingt haben.

Seit April 2018 ist Elisabeth Scholl Professorin für Gesang in Mainz, in Nürnberg lehrte sie Barockgesang, Expertin ist sie für Alte Musik. Und sie singt Opern, Oratorien, Liederabende.

Scholl tauchte tief in die Musik ein, recherchierte alte Handschriften, rekonstruierte alte Manuskripte. „Da hat man bei Monteverdi in der Basslinie nur Ziffern, daraus muss man dann Musik machen", erzählt sie: „Wir mussten uns richtig mit der musikalischen Struktur auseinandersetzen." 2009 erhielt sie einen Ruf als Professorin für Barockgesang an die Hochschule für Musik nach Nürnberg. Nebenher arbeitete sie freiberuflich als Sängerin, sang europaweit auf Festivals, stand auf Opernbühnen in Essen, Berlin, Gent. Mit Sir Neville Marriner ging sie auf Tournee durch Europa, sang in Italien und der Royal Albert Hall.

„Das Musikgeschäft wird schwieriger", sagt Scholl. Die Theater und Orchesterlandschaft werde immer kleiner, Festivals kämpften um Sponsoren. Die Scholls hoben sich schnell vor allem durch ihre Interpretationsfähigkeit und ihren Ausdruck hervor. „Das Credo meines Bruders und mein persönliches ist: wir müssen der Musik dienen und das 'rüber bringen, was sie aussagen will", sagt Scholl. Zur Beschäftigung mit der Materie Musik verdonnert sie auch ihre Studenten in Mainz: „Wir machen ein musikalisches Frühstück, hören die großen Sänger und reden darüber", sagt Scholl. Natürlich gibt sie weiter Liederabende, produziert Aufnahmen.

Seit dem 12. April 2018 ist Scholl Professorin für Gesang in Mainz, einfach habe man es als Frau auch in der Musikszene nicht. „Frauen haben immer noch gewisse Nachteile", sagt sie. Noch immer müsse sie gelegentlich ihre Kompetenzen beweisen, weil sie „nur die Schwester" des berühmten Andreas Scholl sei. Das Gerede über die berühmte „Besetzungscouch" wie bei den Schauspielern, das gebe es im Musikbereich auch, erlebt habe sie es nie, erzählt Scholl: „Ich habe immer ausgestrahlt *don't mess with me*."

Elisabeth Scholl setzte sich durch, mit Selbstbewusstsein, Hartnäckigkeit und enorm viel Wissen, Kompetenz und Persönlichkeit. „Ich hatte nie Schwierigkeiten zu sagen, ich will das", sagt Scholl: „Wenn ich etwas will, strenge ich mich an und dann klappt das."

Ayse Asar

Kanzlerin

Hochschule Rhein-Main

Volljuristin, Justiziarin und Kanzlerin der Hochschule Rhein-Main – Ayse Asar ist gerade 42 Jahre alt, und hat schon eine beeindruckende Karriere hinter sich. Praktizierende Juristin wollte die Deutsch-Türkin aus Bad Schwalbach eigentlich werden, dann aber verliebte sie sich ins Wissenschaftsmanagement. Zwei Kinder hat sie, Elternzeit nahm sie nie – Asar ist eine Frau, die Brücken baut zwischen Welten und Kulturen. Im Juli 2018 habe ich sie in Wiesbaden getroffen.

Dinge bewegen, Dinge umsetzen, das können *F*rauen

*N*ein, sagt Ayse Asar, und lacht: „Ich erfülle nicht ganz das klassische Bild eines gesetzten älteren Herren, wie man sich so einen Kanzler eben vorstellt." Schwarzes Kleid, schwarze Pumps, nein die dynamische Frau im Büro des Kanzlers der Hochschule Rhein-Main passt in kein Clichée. Mit gerade einmal 42 Jahren hat Ayse Asar ein steile Karriere hinter sich: Volljuristin, Justiziarin, Kanzlerin.

Sie ist die Verwaltungschefin über 13 000 Studierende und knapp 800 Beschäftigte, und sie verwaltet einen Etat von mehr als 70 Millionen Euro im Jahr. „Herausragender Mensch mit Migrationshintergrund", mit diesem Preis wurde sie im Juni 2018 vom Land Hessen ausgezeichnet. Man möchte sagen: Wie passend.

„Ich mochte es immer, Argumente auszutauschen", erzählt Asar, als wir uns in ihrem Büro in der Hochschule Rhein-Main treffen. Anwältin wollte sie schon früh werden, am liebsten im internationalen Kontext. „Bei Türken ist es ganz häufig so, man wird entweder Arzt, Jurist oder Ingenieur", erzählt die Deutsch-Türkin. In Gießen und Köln studierte Asar Jura, machte in London ihren Master of Law, absolvierte eine Praktikum in Istanbul, arbeitete vier Monate in einer internationalen Kanzlei in Ankara.

Dann suchte man an der Frankfurter Goethe-Universität eine Juristin, die internationale Verträge prüft, Asar bewarb sich. „Ich wollte maximal ein Jahr im öffentlichen Dienst arbeiten", erzählt sie, und lacht, eine Verbeamtung lehnte sie ab – es gab da ja auch Angebote von Großkanzleien. „Dann habe ich festgestellt, wie spannend Hochschulen und Wissenschaftsmanagement sind", sagt sie. In Frankfurt sah man ihr Potenzial, Hochschulpräsident Rudolph Steinberg band sie ein in die Umwandlung der Goethe-Universität in eine Stiftungsuniversität. „Das war für mich eine spannende Zeit", sagt Asar.

Sie ist eine Grenzgängerin zwischen vielen Welten: Ayse Asar ist Deutsch-Türkin, Muslimin und Mutter. Und sie ist Juristin und Kanzlerin der Hochschule Rhein-Main.

Zwölf Jahre blieb sie am Ende an der Frankfurter Universität, wurde Referentin des Kanzlers, Justiziarin, Leiterin der Präsidialabteilung, am Ende gar Vizekanzlerin. Auf Vorschlag bewarb sie sich als Kanzlerin für die Universität in Halle – und wurde prompt genommen. „Ich bin mutig, ich sage eigentlich nie Nein", sagt Asar, doch diesem Schritt stand die Familie entgegen: Asar lebt mit ihrem Mann und zwei Kindern im Rhein-Main-Gebiet. Stattdessen wurde sie im Oktober 2015 Kanzlerin der Hochschule Rhein-Main, der früheren „Fachhochschule", in Wiesbaden.

„Wir haben einen ganz wichtigen gesellschaftlichen Auftrag", sagt Asar: „60 Prozent unserer Studierenden haben keinen Akademikerhintergrund, auf den Unis haben das nur 20 Prozent." Sie selbst kommt nicht aus einer Akademikerfamilie, ihre Eltern waren türkische Gastarbeiter aus Kapadokien, die bei Black & Decker in Idstein arbeiteten.

Ayse wurde in Bad Schwalbach geboren, wuchs in Idstein auf und ging dort zur Schule.

„Für meine Eltern war Bildung immer schon ganz wichtig", sagt Asar, „Bildung ist ganz klar der Schlüssel für Integration." Drei weitere Schwestern und einen Bruder hat sie, alle haben studiert. „Ich hatte immer das Glück, dass ich eine tolle Familie habe", sagt Asar. Die Mutter half bei der Betreuung ihrer Kinder, sie habe nie Elternzeit genommen, erzählt Asar, „interessanterweise ist die Rollenverteilung in der Türkei weniger streng."

An der Hochschule habe ihre türkische Herkunft nie eine Rolle gespielt, sagt Asar. „Ich bin Muslimin, das ist Teil meiner Identität und Herkunft", betont sie. In Frankfurt gründete sie das „Haus der Stille" mit, ein Haus des interreligiösen Dialogs auf dem Campus. Als Amtsträgerin einer Hochschule habe sie neutral zu sein, betont Asar. Junge Migranten zu ermutigen, die Chancen von Stipendien, Austausch- und Mentorenprogrammen mehr zu nutzen, das ist ihr wichtig.

Probleme, als Chefin akzeptiert zu werden, habe sie nie gehabt, erzählt Asar, auch nicht, wenn sie Sanierungspläne an der Hochschule durchsetzen musste. Gerade entwickelt sie die städtebauliche Rahmenplanung für den neuen Zentralcampus der Hochschule in Wiesbaden und realisiert das 32 Millionen Euro teure neue Lehr- und Lernzentrum. „Frauen können so viel", sagt sie noch, „Dinge bewegen, Dinge umsetzen, das können Frauen."

Julia von Dreusche

Grafikerin

Unternehmerin

Sie starteten einfach mal mit einem leer stehenden Eckladen, nach nur fünf Jahren sind Anke Carduck und Julia von Dreusche Chefinnen zweier Eisdielen, zehn Festangestellter und 60 Aushilfen. N'Eis heißt die Kulteisdiele aus der Mainzer Neustadt, im Sommer 2018 wurde N'Eis zur Lieblings-Eisdiele im gesamten Rhein-Main-Gebiet gewählt. Ein guter Grund, Julia von Dreusche im August 2018 einen Besuch abzustatten.

Letzten Endes
ist es nur *E*is

Ihre Eissorten des Tages geben sie auf Facebook bekannt, immer verpackt in ein kleines Gedicht. „Love is in the air, und mit einer Kugel Schmand-Aprikose fühlt Ihr das gleich noch viel mehr", heißt es da. Oder: „Das ist der absolute Sommergenuss, unsere neue Sorte Kolanuss." Keine Frage, das N'Eis in der Mainzer Neustadt ist keine normale Eisdiele. Das Unternehmen in Sachen Eis ist längst Kult – und wurde gerade (wieder einmal) bei Falstaff zur Lieblingseisdiele des Rhein-Main-Gebiets gewählt.

„Wir wollten eigentlich ein Café aufmachen", sagt Julia von Dreusche. Der kleine Eckladen in der Mainzer Neustadt bot aber kaum Sitzplätze, doch dem Stadtviertel, das sich gerade anschickte, zum coolen In-Viertel von Mainz zu werden, fehlte noch eine Eisdiele. In der Eisfachschule in Werl machten sie in nur einer Woche ihr Eisdiplom, nach drei, vier Monaten schmissen sie ihre Jobs – es war der Beginn einer schier unglaublichen Startup-Erfolgsstory.

Julia von Dreusche und Anke Carduck lernten sich im Studium kennen, Medienmanagement studierten sie, erst in Ilmenau bei Erfurt, dann in Mainz. „Ich wollte eigentlich Stuntgirl werden", sagt von Dreusche, die in Nieder-Olm bei Mainz aufwuchs, und lacht: „Unternehmerin konnte ich mir gar nicht vorstellen, auch das Chefsein nicht."

Doch der Job in einer Medienagentur machte sie nicht wirklich glücklich. „In der Agentur, nach dem Bürojob gehst du irgendwie nicht nach Hause und sagst, ich habe heute jemanden glücklich gemacht", sagt von Dreusche. Die Sehnsucht blieb.

Dann stolperten sie über den kleinen, leer stehenden Eckladen, im März 2013 öffnete N'Eis seine Türen. „Von Stunde eins an hörte die Schlange vor dem Laden nicht mehr auf", erinnert sich von Dreusche. Das werde nicht jeden Tag so sein, sagten sie am Anfang noch. „Ich wurde eines Besseren belehrt", sagt von Dreusche trocken.

Julia von Dreusche studierte Grafik-Design, befriedigend fand sie das nicht: Seit 2013 macht sie Mainz mit Eis glücklich – die Eisdiele N'Eis ist Kult. Und ein großes Unternehmen.

In Rekordzeit wurde das N'Eis zur Kult-Eisdiele von Mainz und darüber hinaus. Das pfiffige Marketing sprach genau die Zielgruppe der jungen, hippen Städter an, dazu kam eine unglaubliche Kreativität: Basilikumeis oder Honig-Rosmarin-Eis. Tonkabohne, Feige-Walnuss oder Zitronengras-Ingwer. Unerreicht bis heute sind das Lavendeleis und das Milchreiseis.

Mehr als 130 Eissorten haben sie seither erfunden. „Ich probiere einfach gerne", sagt von Dreusche, „wie so vieles, hat sich das bei uns von allein entwickelt." Dazu setzen sie konsequent auf natürlich Zutaten. „Von Anfang an war unser Ding, dass wir keine künstlichen Aromen benutzen", betont von Dreusche. Keine Farbstoffe, keine Stabilisatoren, deshalb gibt es bei N'Eis auch keine Sorten wie Schlumpfeis, dafür schmelzen die Kugeln schneller.

N'Eis wurde förmlich überrannt, nach drei, vier Monaten schmissen Julia und Anke ihre Jobs in der Werbeagentur. In den Wintermonaten Januar und Februar vermieteten sie den Laden an andere Startups unter, mal an einen Teeladen, mal an coole T-Shirts. „Ohne Familiensupport wäre das nicht gegangen", sagt von Dreusche, „Millionär wird man mit Eis ohnehin nicht." Es lohnte sich trotzdem: N'Eis gewann den Gründerpreis Pioniergeist und den Mainzer Wirtschaftspreis.

Es war auch das durchdachte Marketing, das der Eisdiele zu ihrem ungewöhnlichen Erfolg verhalf: frische Farben, ein junger Auftritt, dazu die kleine Eule im Logo, die den Bezug zur Neustadt herstellt: Die Eule wurde auf jener römischen Jupitersäule gefunden, die einst am Rande der heutigen Neustadt von Kaufleuten und Händlern im rö-mischen Mainz errichtet wurde. Nun steht sie für Neugier, Cuteness und eben die Mainzer Neustadt.

„Unser Ziel war nie, wir wollen in zehn Jahren da und da sein", sagt die 36 Jahre alte Julia von Dreusche, „ganz viele Dinge kamen einfach auf uns zu." Als sie die Ausschreibung „Eis am Rheinufer" gewannen, kauften sie einen VW-Bus als mobilen Verkaufsladen. Als der Betreiber der Summer in the City-Konzerte ihr Eis wollte, schafften sie einen Verkaufshänger an. Ende 2016 bot man ihnen ein kleines Wehrhäuschen am Winterhafen zum Kauf. „Expansion ist für uns kein Thema", sagte von Dreusche am Telefon. Im Frühjahr 2017 eröffnete in dem Häuschen die zweite N'Eis-Diele.

Der zweite Laden habe eine völlig neue Entwicklungsstufe ausgelöst, sagt von Dreusche – eine größere Küche musste

her. Inzwischen haben die jungen Chefinnen zehn Fest-
angestellte und 60 Aushilfen, zwei Läden und eine eigene
Küche, dazu zahlreiche Einsätze auf Festen in Wiesbaden
und Mainz, auf Hochzeiten, Konzerten. Haben sie noch
Ziele? „Mein Ziel ist im Moment eine bessere Work-Live-
Balance", sagt von Dreusche, „Letzten Endes ist es ja nur
Eis."

Saynur Sonkaya-Neher

Winzerin

Sie kam aus dem Ruhrgebiet und landete mitten
in der etwas verschlafenen Idylle des Rheingauorts
Lorch: Vor 21 Jahren heiratet die Deutsch-Türkin
Saynur Sonkaya den Rheingauer Winzer Jochen Neher.
Nun verschmelzen in dem alteingesessenen Weingut Mohr
in Lorch Orient und Okzident, gibt es türkische Kochkurse
und viel Flair aus 1000 und einer Nacht: Ich habe mich
im Juli 2018 verzaubern lassen.

Komm mir bloß nicht mit einem *D*eutschen

*D*er Blick von der Terrasse fällt auf Burg Nollig, hoch über dem Rheingau-Ort Lorch mit seinen steilen Hängen und den vielen Weinbergen. Tief im Mittelrheintal ist man hier, idyllisch liegen die Fachwerkhäuser rund um die Kirche. Mitten im Gewirr der Gassen aber leuchten plötzlich bunte Mittelmeerfarben, orientalische Lampen, Diwantische. „Mein zweites Standbein sind türkische Kochkurse", erzählt die Hausherrin, „*Komm Türkisch Kochen* lautet unser Motto."

Im Weingut Mohr hielt vor 21 Jahren der Orient Einzug: Vor 21 Jahren heiratete Saynur Sonkaya den Lorcher Winzer Jochen Neher, 1997 zog die Deutsch-Türkin aus dem Ruhrgebiet in den kleinen Weinort am Mittelrhein. „Meine erste Heimat in Deutschland ist Duisburg", erzählt Sonkaya-Neher, 1990 kam sie aus Trabson am Schwarzen Meer in die Ruhrmetropole.

„Mein Vater kam als Gastarbeiter in den 1960er Jahren nach Deutschland", erzählt Sonkaya-Neher, Frau und die neun Kinder blieben zunächst in der Türkei. Sonkaya-Neher studierte erst in der Türkei Bibliothekswissenschaften, 1992 begann sie in Essen ein Pädagogikstudium, zog in eine deutsche WG. „Ich wollte Deutsch reden, auch meinem Vater war es sehr wichtig, dass ich Deutsch lerne", erzählt sie. Schlosser war ihr Vater, politisch sehr aktiv, auch in der Gewerkschaft. „Mein Vater ist sehr belesen", erzählt sie, „und er war auch ein Genießer, das habe ich von ihm."

Roquefortkäse zum Probieren, Essen gehen, immer habe der Vater etwas zum Genießen mitgebracht, gerne auch mal eine Flasche Wein – obwohl die Sonkayas Muslime sind. „Wir waren eine lockere Familie", sagt Sonkaya-Neher – nur als sie ihren deutschen Freund kennen lernte, war es nicht so einfach. Ein Freund in Essen lud Sonkaya ein, ein befreundeter Winzer aus dem Rheingau wolle eine Weinprobe abhalten. „Nein, Liebe auf den ersten Blick war es nicht", sagt sie lachend, „es war einfach nett."

Saynur Sonkaya-Neher wuchs im Ruhrgebiet auf, als Tochter türkischer Gastarbeiter. Sie studierte erst Bibliothekswissenschaften, dann Pädagogik – und lernte einen Rheingauer Winzer kennen.

Die Deutsch-Türkin bot dem jungen Winzer an, bei ihr zu übernachten, wenn er mal ein Bett brauchte, sie kochte für ihn türkisch – und Neher war begeistert. „Unsere Beziehung war am Anfang heimlich", sagt Sonkaya-Neher, ihr Vater sagte immer: „Komm mir bloß nicht mit einem Deutschen!" Schließlich fasste sich Sonkaya-Neher ein Herz, schrieb dem Vater einen langen Brief. „Ich war ganz schön mutig", sagt sie, „ich heirate einen Deutschen – das war schon ein Schritt für meine Eltern."

Doch die Geschwister hielten zu ihr, unterstützten sie, schließlich stellte sie ihren Eltern den Herzensmann vor. „Mein Mann ist ein sehr höflicher Mensch, kann sich gut integrieren und hat das auch getan", sagt Sonkaya lachend – die Hochzeit fand in Essen statt. Ihr Umzug nach Lorch, das sei nicht einfach gewesen, erzählt sie. „Ich bin ein sehr offener Typ, bin sehr freundlich, ich habe die Leute immer gegrüßt“, sagt Sonkaya-Neher – zurückgegrüßt wurde sie nicht. Die Türkin in Loch stand immer unter Beobachtung, ihre türkische Herkunft wurde misstrauisch beäugt.

Sonkaya-Neher ging arbeiten, baute in einer Rüsselsheimer Schule vier Jahre lang die Schulsozialarbeit mit auf, ging dann zum Rüsselsheimer Mädchentreff, dem ältesten Deutschlands. Dann kamen ihre beiden Kinder, 15 und 16 Jahre sind Sohn und Tochter heute. Und Sonkaya-Neher beschloss, im Weingut einzusteigen, ihre Bedingung: „Dass sich hier viel ändert“, sagt sie schmunzelnd. Weinetiketten, Dekoration, schließlich die Weinstube – alles atmet heute türkisches Flair.

Dem Weingut habe das gut getan, sagt sie, es sei authentischer geworden – und unterscheidbarer von anderen. Manchmal, sagte sie nachdenklich, fühle sie sich als Integrationskraft zwischen den Deutschen und den Türken, gerade hat sie den deutschen Pass beantragt. „Meine türkische Herkunft bereichert mich“, betont Sonkaya-Neher, „ich lebe gerne hier, aber deshalb muss ich meine Kultur nicht verleugnen.“

Anja Gockel

Designerin

Sie macht Mode für „Phänomenale Frauen" und reüssiert damit in Paris, London und Berlin. Im berühmten „Adlon" veranstaltete sie die erste Modenschau in der 110-jährigen Geschichte des Hotels: Anja Gockel, Modedesignerin aus Mainz, zieht selbstbewusste Frauen an, mit Haute Couture. Ein Besuch im Anja Gockel-Shop in Mainz im September 2018.

Mode für
phänomenale *F*rauen

*I*hre Kleidungsstücke leuchten voll kräftiger Farben, die Schnitte ihrer neuen Winterkollektion sind geradlinig, klassisch fast, aber voller Kraft und Kühnheit. Anja Gockel kommt wie ein Wirbelwind in den Raum geweht. „Ich will keine Theaterkollektion machen", sagt sie selbstbewusst, „ich will die selbstbewusste Frau von heute anziehen, die ihren Weg geht, möglichst mit Familie."

„Phenomenal Woman", lautet der Titel der aktuellen Kollektion von Anja Gockel, eine Mode für „Phänomenale Frauen" will die Mainzer Designerin machen. „Mein Vorbild? Ich wollte immer sein wie Rei Kawakubo mit ihrer Modelinie Comme des Garcons", sagt Gockel, und lacht: „Eine Japanerin, eine verrückte Frau mit ganz eigenen Konzepten, die hoch künstlerisch sind, die es trotzdem schafft, am Leben zu bleiben. So wollte ich auch immer sein."

Unabhängig, eigenständig, und ein bisschen verrückt, das passt zu Anja Gockel. 1968 wird sie in Mainz geboren, von der kleinen Großstadt am Rhein aus leitet sie heute eines der sichtbarsten und meist beachtetsten Modelabels von Deutschland. Sie veranstaltete Modeschauen in Mailand, Paris und London und 2004 eine für die Queen of England bei deren Staatsbesuch in Düsseldorf. Heidi

Klum arbeitete sieben Jahre lang regelmäßig bei Germany's Next Topmodel (GNTM) mit Anja Gockel zusammen.

„Mein Mann ist eigentlich Schuld, dass ich mein eigenes Label aufgebaut habe", erzählt Gockel. Ihr Mann ist Kulturredakteur beim Südwestrundfunk in Mainz, 1995 wollte er einen Film über die junge Mainzer Designerin machen, doch Gockel hatte gar keine eigene Kreation. In London, bei Stardesignerin Vivienne Westwood arbeitete sie zu dem Zeitpunkt, der Anruf löste eine Zäsur aus: „Ich habe mir gesagt, wenn nicht jetzt, wann dann, einmal musst du es probiert haben", erzählt Gockel.

Paris, New York, das Berliner Hotel Adlon – Anja Gockel ist auf den Modeschauen dieser Welt zu Hause. Die Designerin studierte an der berühmten Central Saint Martins Designschule in London, zuhause ist sie in Mainz.

Sie „kratzte alles zusammen, was ich vorher verdient hatte" und mietete in Paris einen Showroom. „Ich bin wahnsinnig bodenständig", sagt sie, und lacht, „aber wenn ich was mache, mache ich es richtig." Also musste es Paris sein, dort, wo die Besten der Besten sich präsentieren. Gockel präsentierte Mode aus gekochter Wolle, in der Badewanne ihrer WG walkte sie die Mohairwolle dafür.

Geld für Models oder Marketing hatte sie nicht, also holte sie sich junge Frauen von der Straße und hielt ihre Modenschau auf den Champs Élysées in Paris ab – morgens um fünf. Bis heute findet Gockel ihre Models so, Julianna, Finalistin der jüngsten GNTM-Staffel „habe ich beim Bretzel Ditsch in der Römerpassage gefunden", lacht Gockel. „Ich bin in Vieles so reingestolpert, und alle Versuche, vernünftig zu sein, gingen ziemlich in die Hose."

Aus einer Medizinerfamilie kommt sie, einen Tag nach ihrem Abitur in Mainz saß Gockel im Flugzeug nach Amerika. An Dartmouth College Nähe Boston studierte sie zunächst Englische Literatur und Kunst. Doch Gockel ergatterte einen Studienplatz an der Fachhochschule Hamburg für Modedesign, und danach einen an der berühmten Central Saint Martins Designschule in London – Louise Wilson schuf eigens für sie einen elften Platz. „Der Alchimist" sei eines ihrer Lieblingsbücher, darin gehe es um „eine Tür, die aufgeht, wo man den Mut hat durchzugehen", erzählt Gockel: „Das ist meine Lebenseinstellung, ich sehe diese Tür und glaube fest daran, dass das genau für mich gemacht ist."

Mit Agatha Ruiz lancierte sie ein neues Parfüm, bei Vivienne Westwood arbeitete sie als Designassistentin. 2017 veranstaltete sie ihre Modenschau im Rahmen der Berliner Fashion Week im Hotel Adlon, als erste Designerin in der 110-jährigen Geschichte des Luxushotels. „Mein größter Erfolg", sagt Gockel, inzwischen hat sie einen Zweijahresvertrag mit dem Adlon.

2012 eröffnete sie ihren ersten Anja Gockel-Shop, in ihrer Heimatstadt Mainz. 2015 kam der Flagship Store in Köln hinzu, der prompt vom Fachmagazin Textilwirtschaft zu einem der 50 schönsten Stores weltweit gekürt wurde. „Couture meets Life", sagt Gockel, genau das ist ihr Stil. 2001 wurde der Kulturredakteur ihr Ehemann, zwei eigene Kinder bekam sie, zwei brachte ihr Mann aus erster Ehe mit, „meine zwei geschenkten Kinder", nennt Gockel sie. Beruf und Kinder, für sie sei das nie ein Widerspruch gewesen, „es ergänzt sich", sagt sie.

Zwischen 300 und 500 Euro kostet ein Kleiderstück in ihrem Store, auch weil Gockel weiter in Nähereien in Deutschland fertigen lässt. „Ich sehe Mode als angewandte Kunstform", sagt Gockel. Der Großvater war ein leidenschaftlicher Maler, auch sie selbst male gerne, verrät sie. Die Liebe zu schönen Kleidern transportierte ihr die Mutter: „Ich habe viele Stunden in Modeläden auf der Wilhelmstraße in Wiesbaden verbracht", erzählt Gockel lachend. Über ihren Stil sagt sie selbst: „Ich will über die Mode wie ein Maler seine Vision ausdrücken."

Ihre Vision ist fraglos die einer selbstbewussten, starken Frau, einer Frau mit Hüftschwung und Augenaufschlag. „Wir müssen zu unserem Körper stehen, Hauptsache wir gefallen uns", sagt Gockel, „der Tempel unserer Seele ist nun einmal der Körper." Ihre Kollektionen benennt sie immer nach starken Frauen, im Winter 2018 ist es die afro-amerikanische Bürgerrechtlerin und Lyrikerin Maya Angelou. „Schöne Frauen wundern sich, wo mein Geheimnis liegt", heißt es in deren Gedicht*: „Es ist in der Reichweite meiner Arme, der Breite meiner Hüften, dem Gang meiner Schritte, dem Schwung meiner Lippen. Ich bin eine Frau, phänomenal. Phänomenale Frau, das bin ich."

Übersetzung: Gisela Kirschstein

Zur Autorin

Gisela Kirschstein ist in Bonn geboren, seit 1990 lebt sie in Mainz – der Rhein, der Wein, das Lebensgefühl in Mainz sind ihr Zuhause geworden. Im Hauptberuf arbeitet sie als politische Korrespondentin für die „Frankfurter Neue Presse", die „Rhein-Zeitung", den „Öffentlichen Anzeiger" Bad Kreuznach und die „Rheinpfalz" und gehört der Landespressekonferenz an. Ihr Herz gehört der Vielfalt: Für das landespolitische Magazin „Zur Sache RP" des SWR drehte sie Filme, war lange Korrespondentin für „Welt" und „Welt am Sonntag". 2014 gründete sie die Internetzeitung „Mainz&", die aus Mainz und für Mainz berichtet (siehe **www.mainzund.de**). Seit 2016 ist sie die offizielle Bloggerin der Great Wine Capital Mainz. Vor dem Journalismus studierte sie englische und amerikanische Literatur und Geschichte, ihre Magisterarbeit widmete sie der Identität in Afro-Amerikanischer Frauenliteratur, und so sind auch ihre Übersetzungen zu den Gedichtauszügen der Seiten 4, 13/14 und 190 entstanden.

Mehr über die Autorin, aber auch zu unserem gesamten Verlagsprogramm erfahren Sie auf unserer Homepage

www.dielmann-verlag.de

Einige Buchhinweise

*D*iejenigen, denen Gisela Kirschsteins hier vorliegende Portraits gefallen haben, könnten sich auch für die folgenden Titel meines Verlagsprogramms interessieren:

Jutta Schubert hat, neben dem Roman „Zu blau der Himmel im Februar" über Alexander Schmorell, den von den Nazis ermordeten Freund der Geschwister Scholl, den Erzählband **„Die Nacht mit Marilyn"** geschrieben (248 Seiten, 18 Euro), darin 17 eigensinnige Figuren sich miteinander verschränken. Vor allem die Frauenrollen, die sie erzählt, haben eine feine Nase für jegliche Form von Selbsttäuschung und Fremdbestimmung – und für die Risse in den Lebensumständen, durch die denen zu entkommen ist. – In Kürze folgt der zweite Erzählband **„Der Mond ist ein Licht in der Nacht"** (288 Seiten, 20 Euro), der ihrer Marilyn in nichts nachsteht.

„Nie zuvor hatte Anna an Flucht gedacht. Doch an diesem Vormittag war der Gedanke plötzlich da." – So beginnt Sophie Heeger ihren Roman **„Kaktus und Kanarienvogel"**, mit dem sie in eine traumartige Welt führt. Darin scheint eine Frau von nichts bedrängt als von der Organisation einer Reise, die sie selbst „Flucht" nennt. Mehr irritiert uns anfangs nicht, wenn wir ihr nach Venedig, Amsterdam und Paris folgen. In die Wirklichkeit der Reisenden brechen jedoch schon bald Beklommenheit und Schrecken ein und die reisende Frau nimmt einen wandelbaren, unsicheren Boden unter ihren Füßen wahr. Ein Roman (240 Seiten Hardcover zu 20 Euro) über Sprachlosigkeit, vergrabene Erinnerungen, die Brüchigkeit der Wahrnehmung und die Notwendigkeit, sich der eigenen Geschichte zu stellen.

Ein ganz anders engagierter Roman ist das Buch „**Monkey Business**" (176 Seiten, Hardocver mit Lesebändchen zu 20 Euro) von Jan Lauwereyns, aus dem Niederländischen übersetzt von Helga van Beuningen. Jan Lauwereyns ist Neurophysiologe und Schriftsteller, und er läßt den Laboraffen Haruki seine letzten acht Stunden erzählen, bevor der, wie er selbst sagt, „sein letztes großes Experiment" unternimmt – er wird eingeschläfert, weil er für die Wissenschaft nicht mehr taugt. Der Roman nimmt ein Gedanken-Experiment vor, das ausschließlich literarisch durchgeführt werden kann – und das dabei zugleich die Grenzen der Literatur selbst sowie ihre Möglichkeiten auslotet. „Monkey Business" ist eine Art von Bewußtseinsroman: Er erkundet die Grenzen der menschlichen Empathie. Hierbei wirft der Roman Licht auf grundlegende und höchst problematische Paradoxa von Wissenschaft und Ethik.

Zur Hälfte ebenfalls ein veritabler „Frauen-Titel" ist der Roman „**In uns ist Licht**" von Michael Wäser: Ein junger Porzellan-Macher aus Sevre / Paris hat sich im biedermeierlichen Jahr 1830 in eine junge Adelige verliebt, sie schreiben sich ergreifende Briefe, die wild um ihre Liebe und heftig um Gleichberechtigung im umfänglichsten Sinne kreisen. Er schafft Lithophanien, Porzellanplatten mit Bildmotiven, darauf er seine große Liebe verewigt. – Parallel erzählt Michael Wäser in seinem fingurenreichen Roman die Geschichte eines illustren Trios in unseren Tagen: Ein Berliner Ehepaar hat sich mit einem Flüchtling befreundet, vielleicht aus Syrien, vielleicht ein Pressefotograph in seiner früheren Heimat – und gemeinsam versuchen sie, hinter das Geheimnis von sieben Porzellanbildplatten zu kommen, auf denen, betrachtet man sie recht, ein Mord zu sehen sein könnte, am Eiffelturm, rund um das Jahr 1830 ... Zwei ganz ungeheuerliche Erzählungen beginnen sich zu verstricken. 292 Seiten zu 20 Euro im Hardcover mit Lesebändchen zu erstehen.

Und dann ist da natürlich Astrid Ruppert, die in acht Erzählungen 8 Figuren an den Nordpol reisen läßt. „**Die Bestimmung der Eisscholle**" erzählt wiederum vor allem von Frauen, die ihren inneren Kompass verloren haben, sich aber mit viel Kraft und klugem Lebensmut auf neue Lebensläufe einnorden ... 128 schillernde Seiten, im Hardcover mit Lesebändchen zu 18 Euro – Prädikat: *Sofort lesen!*

Vieles weitere entdecken Sie auf unserer Homepage, oder Sie schreiben uns von Ihren Interessen als Leser oder Leserin an

neugier@dielmann–verlag.de

und wir informieren Sie gerne – bleiben Sie neugierig!

Ihr Axel Dielmann